Overseas Crisis Management

テロ・誘拐・脅迫 海外リスクの実態と対策

編著 加藤 晃 Kato Akira
　　 大越 修 Ohkoshi Osamu

著 和田大樹 Wada Daiju
　 石山 裕 Ishiyama Yutaka
　 吉田彩子 Yoshida Saiko

同文舘出版

まえがき

本社の海外危機管理担当部長宅に夜半、部下から緊急電話が……

午前3時12分
「部長、お休みのところ申し訳ありません。○○国駐在の渡辺支社長が何者かによって誘拐されたとのことです」
「渡辺君は無事なのか？」
「わかりません」
「それで？」
「昨夜午後9時頃に商談でお客様とレストランで食事をした後、帰宅途中に拉致されたようです。それから……あの……」
（時差は4時間だから、すでに2時間も経っているじゃないか！）
「君、少し落ち着きなさい。とにかく、すぐ会社に行くから緊急連絡網でスタッフに出社するように連絡してくれないか。里美、今から会社に行かなければならなくなった。すまないが、急いで支度をしてくれないか」（頭を整理してから、上に報告しよう）

午前3時42分
「あっ、常務ですか。お休みのところ大変申し訳ありません。実は……」

午前5時24分
「リスクマネジメント担当の飯野係長はまだ着かんのか？」（危機管理マニュアルはいったいどこにあるんだ？）
「その後、新しい情報は？」
「現地では家族の外出禁止措置を取り、大竹副支社長が情報収集に当た

っているとのことですが、犯人から今のところ連絡はないようです」
「なぜ、タイムリーに報告しないんだ！」（しまった、海外事業本部長への連絡がまだだった）

午前6時45分
「大使館と連絡はついたのか？」
「確認します」
（いったい、何をしているんだ！　ご家族は大丈夫だろうか？　犯人の目的は身代金か、それともあのプロジェクト関連か……）

午前9時10分
「犯人から身代金の要求がありました。200万米ドルを支払わなければ人質を殺すと言っているそうです」
「現地の警察は動いているのか？」
「確認できていません」
（うちの危機管理体制はどうなっているんだ！）
「外務省は？」（一体、どこが頼りになるのだろう？）

午前10時20分
「部長、マスコミから問い合わせが入っています」
「ちょっと待ってくれ。いや、掛け直すと言ってくれ」（もう、嗅ぎつけたのか。株主にどう説明するか、社内にも動揺が広がらないように配慮しなければ……）

午後0時12分
「森課長、ご苦労だが、明朝一番で現地に飛んでくれないか？」

（やはり、マニュアル通りにはいかないものだな……）
「部長、渡辺支社長の奥様が電話に出られています」
「このたびは……奥さん、落ち着いてください。本社ではただ今、全力で……。はい。明朝、急遽、森課長を派遣します。……お気を強く持ってください。……いえ、当社といたしましては人命第一で対応しております。とにかく……」

午後1時25分
「部長、社長がお呼びです」
（うむ、まさかうちの社員が誘拐されるとは……）

　誘拐、脅迫、テロは、いつ、どこで起こるか、誰にも予測はできない。政治的・信条的な背景、宗教的・民族的対立、極端な貧富の格差、身代金目的、工場が立地する住民とのトラブル、解雇された元現地従業員の逆恨み……原因はさまざまであるが、海外出張者と駐在員は間違いなくリスクに曝されている。これは被害者のみならず、会社の事件への対応は全役職員の注視するところであり、全従業員の士気に関わる問題である。また、ステークホルダーに目を向けると、IRの対象と言えよう。

　本書は、海外事業の危機管理担当者・役員、海外出張者及び駐在員とその家族を主な読者対象としている。
　序章はリスクマネジメントと重大事件発生時の危機管理の概要、法律上の安全配慮義務、第1章から第3章は危機管理の対策について実務体験を基に、第1章は平時における事前準備、第2章は危機発生時の対応、第3章は危機終了後のフォローアップの各段階に分けて、危機管理のポイントについて実践的な解説を行う。第4章は近年の国際テロ情勢、第

5章から第7章は、アジア、中東・アフリカ、南米・その他の地域におけるテロ・内乱、誘拐・脅迫事件の背景となる国際情勢に関して解説するものである。日系企業が多く進出している国・地域、今後進出が増えると思われるアフリカ地域に相応のページを割いたつもりである。また、補論で、注目されている「イスラム国」について掲載した。

　日本の国内市場の成長が鈍化する中、海外に目を転じれば、新興国をはじめとして成長著しい魅力的な市場が多数ある。また、製造業であれば、消費地に近い製造拠点、外為リスクのヘッジのために多くの企業が海外に拠点を設けている。それは名の知れた大企業ばかりではなく、中小企業も多くが海外進出を遂げている。私たちビジネスパーソンにとって、好むと好まざるとに関わらず、グローバル化を避けて通れない時代となったと言えよう。

　一方、海外では宗教・民族対立によるテロ・内戦、広がる経済格差、貧困・失業に端を発する誘拐事件が多数発生している。これらは必ずしもその実態が日本では報道されていない。海外で働く企業の社員とその家族は潜在的なリスクに囲まれていると言っても過言ではない。
　本書によって、テロ、誘拐・脅迫等の事件に巻き込まれる確率を少しでも低くできたら、そして対策を事前に準備することによって、万一の場合、被害・損害を最小化できたとしたら、著者一同望外の喜びである。

もくじ

まえがき

序章　海外進出リスクと危機管理

1　テロと誘拐 ･･･ 012
　海外リスクの種類 ････････････････････････････････････ 012
　テロ ･･ 013
　誘拐 ･･ 020
　脅迫 ･･ 022
　海外リスクに関する企業の意識変化 ･･････････････････････ 022

2　駐在員の危機管理 ･････････････････････････････････ 025
　危機管理の概要 ････････････････････････････････････ 025
　危機管理のフェーズ ････････････････････････････････ 027
　危機管理のステークホルダー ･････････････････････････ 028
　危機管理と組織・リーダーシップ ･･････････････････････ 029

3　危機管理の法的根拠 ････････････････････････････ 031
　column 1　経営とリスク ････････････････････････････ 032

第1部　危機管理の実際

第1章　平時における事前準備

安全チェック・訓練指示に対する現地の反応 ･････････････ 038
経団連の企業行動憲章 ････････････････････････････････ 040
column 2　『私はコロンビア・ゲリラに二度誘拐された』 ･･････ 043

1　誘拐と対策 ･･････････････････････････････････････ 045
　誘拐の標的選択 ･･･････････････････････････････････ 045
　誘拐対策 ･･･ 045
　column 3　イスラム国は「グローバル化のリスクが創出した産物」 ･･･ 047

2 テロと対策 ……………………………………………… 049
現地の発展に貢献する事業は狙われないか ………………… 049
テロ対策 ……………………………………………………… 050
column 4 フィリピン・ミンダナオ島日系企業襲撃テロ ……… 053

3 リスク・コントロール ………………………………… 054
海外安全担当部門の設立 …………………………………… 054
事務所、工場、住宅の選定基準 …………………………… 056
使用人を雇う場合の注意事項 ……………………………… 057
日頃からの情報収集 ………………………………………… 058
平時におけるマニュアルの作成と常備 …………………… 060
危機管理マニュアルで定めること ………………………… 062
シミュレーション訓練 ……………………………………… 062
赴任前の研修 ………………………………………………… 063
column 5 危機管理と株価の関係 ……………………………… 065

4 リスク・ファイナンス ………………………………… 067
セキュリティ対策費 ………………………………………… 067
リスク・ファイナンス ……………………………………… 068
平時のチェックリスト ……………………………………… 070

第2章 危機発生時の対応
犯人と受難者の奥様との会話、現地語通訳を介して ……… 072

1 危機発生時の情報伝達と認定・初動 ……………… 074
危機発生の報告 ……………………………………………… 074
現地からの第一報 …………………………………………… 076
家族の協力 …………………………………………………… 077
危機発生の認定と初動 ……………………………………… 078
column 6 Proof of Life ………………………………………… 079

2 危機対応行動計画の発動 …………………………… 080
対策本部の設置 ……………………………………………… 080

対策本部の設置場所··081
　　　対策本部のインフラ整備··081
　　　リーダーシップ··083
　　　現地への人材派遣··084
　　　情報管理の基本··084
　　　情報の集約・記録··084
　　　情報の分類··085
　　　情報の共有··087
　　　現地政府・警察への通報··088
　　　情報の開示··090
　　　犯人との接触··090
　　　事件の解決に向けて··094
　　　家族対策···095
　　　対策本部スタッフの健康管理··096
　　　column 7　米国政府の方針転換─家族による身代金支払いを容認へ···097

3　**クライシス・コミュニケーション**··098
　　　ステークホルダーの存在··098
　　　スポークスパーソンの選任··099
　　　事件発生から48時間以内のコミュニケーション························100
　　　メディアの取材先（情報源）··100
　　　想定されるメディアからの質問··101
　　　記者会見···103
　　　報道協定···104
　　　家族・親族とのコミュニケーション····································105
　　　従業員、他とのコミュニケーション····································105

4　**誘拐時のサバイバル**··107
　　　サバイバル術··107

5　**人質解放後**
　　　やってはいけないこと、配慮したいこと································110
　　　危機発生時のチェックリスト··111

第3章 危機の終了とフォローアップ
　　　　人事課長と誘拐事件受難者の会話 ･･････････････････････ 114
1 危機終了の判断 ･･ 115
　　　　危機の判断基準 ････････････････････････････････････ 115
2 危機終了後の対応 ･･････････････････････････････････････ 117
　　　　原因究明 ･･ 117
　　　　危機対応行動の見直し ･･････････････････････････････ 118
　　　　帰国後の受難者対応 ････････････････････････････････ 119
　　　　責任追及と処罰、論功行賞、協力者への御礼 ･･････････ 120
　　　　危機終了後の残務処理 ･･････････････････････････････ 121
　　　　法的問題 ･･ 122
　　　　column 8　曲突徙薪無恩沢 焦頭爛額為上客耶 ･･････････ 124
　　　　危機終了後のチェックリスト ････････････････････････ 125

第2部 世界の治安情勢

第4章 近年の国際テロ情勢と日本
　　　　2001年以降の主な国際テロ事件 ･･････････････････････ 130
　　　　近年の国際テロ統計（2011年）････････････････････････ 134
　　　　近年の国際テロ統計（2012年）････････････････････････ 137
　　　　近年の国際テロ統計（2013年）････････････････････････ 138

第5章 アジアの治安情勢とビジネスリスク
　　　　中国 ･･ 146
　　　　フィリピン ･･ 149
　　　　インドネシア ･･････････････････････････････････････ 154
　　　　ベトナム ･･ 157
　　　　タイ ･･ 158

マレーシア ………………………………………………… 161
ミャンマー ………………………………………………… 164
インド ……………………………………………………… 166
日本（テロの事例） ……………………………………… 169
オウム真理教地下鉄サリン事件 ………………………… 173

第6章　中東・アフリカの治安情勢とビジネスリスク

イラク ……………………………………………………… 178
シリア ……………………………………………………… 180
イエメン …………………………………………………… 182
エジプト …………………………………………………… 184
アルジェリア ……………………………………………… 186
ニジェール ………………………………………………… 188
ナイジェリア ……………………………………………… 191
カメルーン ………………………………………………… 196
ケニア ……………………………………………………… 198
南アフリカ ………………………………………………… 200

第7章　南米・その他の治安情勢とビジネスリスク

メキシコ …………………………………………………… 204
ベネズエラ ………………………………………………… 205
ブラジル …………………………………………………… 208
ロシア ……………………………………………………… 211
トルコ ……………………………………………………… 213

補論　「イスラム国の特徴」 ………………………… 216
column 9　レジリエンス（あとがきに代えて） ……… 226
参考文献 …………………………………………………… 227

カバーデザイン／BSL
本文デザイン・DTP／明昌堂

序章

海外進出リスクと危機管理

1 テロと誘拐

海外リスクの種類

　グローバル化の進展に伴い、大企業だけではなく、多くの中堅・中小企業が海外に製造拠点や販売拠点を設けている。まさに企業を成長させるためには、海外市場を取り込むことが必要不可欠な時代となった。進出先はアジアを始め、中東、アフリカ、中南米などグローバルに広がり、治安の良いとされる先進国ばかりではない。かつて、イザヤ・ベンダサン（山本七平氏のペンネームと言われている）が、その著書『日本人とユダヤ人』の中で、「日本人は水と安全はタダと思っている」と海外の常識について紹介しているが、一度海外に出たならば、水と安全を得るためには一定のコストがかかるというのは今や常識になりつつあるのではないだろうか。

　思い起こせば、フィリピンの三井物産マニラ支店長誘拐事件（1986）、米国ニューヨークのワールドトレードセンター等への一連の同時多発テロ（2001）、最近でも、ノルウェーのオスロ政府庁舎爆破事件とそれに続くウトヤ島乱射事件（2011）、アルジェリアのプラント襲撃事件（2013）、ケニアの首都ナイロビのショッピングセンターの爆破テロ（2013）、イスラム国（IS）による後藤さん・湯川さん拉致殺害事件（2015）……大きく報道された事件だけでも相当な数に上る。その背後には報道されていない事件が多数発生している現実がある（詳細は次項参照）。「まさか、うちの社員が巻き込まれることはない」「大手じゃな

いから狙われることはない」という主張はまったく根拠がないと言えよう。ビジネスで海外出張するビジネスパーソン、駐在員とその家族（以下、特段の断りがない限りまとめて「駐在員」と記載）が事件、事故に巻き込まれるケースとしては、テロ、誘拐、脅迫、暴動、強奪、強姦などが挙げられる。本書では、特に人命およびビジネスに重大な影響を与えるテロ、誘拐、脅迫を分析対象とする。

本書は、駐在員の安全をテーマとし、リスクマネジメントの視点から代表的な事例を紹介し、その対策を解説するものである。それでは順に見てみよう。

テロ

①定義

はじめに、テロの定義（日本の公安調査庁、英国テロリズム法、米国の学者）を紹介したい。

イ　日本の公安調査庁

テロリズムとは、国家の秘密工作員または国以外の結社、団体等がその政治目的の遂行上、当事者はもとより当事者以外の周囲の人間に対しても影響を及ぼすべく非戦闘員またはこれに準ずる目標に対して行った暴力行為

ロ　英国テロリズム法

政治に影響を与えまたは公衆もしくは公衆の一部を脅迫することを意図し、かつ政治的、宗教的またはイデオロギー的主義主張の推進を目的とした次の行為

- 人に対する深刻な被害を伴う行為
- 所有物に対する深刻な被害を伴う行為
- その行為に関わる者以外の者の生命を危機にさらす行為
- 公衆または公衆の一部の健康または安全性に対する深刻な危険を生み出す行為
- 電子システムに対する深刻な妨害または深刻な混乱を意図した行為

ハ　スキッパー（米国の学者）

　住民を怯えさせる、政府に特定の行為を強いるまたは控えさせることを目的として、非政府の活動家によって行われる一般市民に対する暴力またはその脅威を含む行為と定義している。そしてテロ行為には、以下の5つの特徴[1]がある。
- 人々（財物を含む）に対する暴力、脅威を含む
- 暴力はそれ自体で終わりではなく、むしろ恐怖を植え付け深い心理的な影響をその他に与えることを目的としている（国家的なシンボルへの攻撃はテロリストの力を見せつける）
- 政治的目的を達成するために不滅とされる
- 一般市民と非戦闘員がターゲットにされる
- 非政府の行為者または少なくも正当性に疑問のある政府によって不滅とされる

　これらの定義を比較してみよう。公安調査庁の定義は政治目的に限定しているが、世界では宗教対立やイデオロギーに基づくテロが多発している。また、公安調査庁の定義では対象を人間に限定している。一方、英国のテロリズム法は、対象を所有物のみならず電子システムにまで広げている。21世紀になってサイバーテロが多発していること等を鑑み

て、本書では英国テロリズム法の定義を採用したい。

　なお、スキッパーが指摘する通り、テロは暴力それ自体で終わりではなく、地域住民に心理的な影響（暗い影）を残し、犯行者グループにとっては不滅性（ヒーロー、伝説）となるという特徴を有している。

②テロの形態
　テロ行為はさまざまな方法で行われるが、代表的なテロの形態は以下の通りである。
・銃器・凶器による攻撃
・爆弾・ミサイル・航空機攻撃
・自爆攻撃
・CBRNE攻撃（化学・生物・放射性物質・核・爆発物による攻撃）
・ハイジャック・拉致・誘拐
・サイバー攻撃

③テロの実態
　次に、各種データでテロの実態に迫ってみたい。**表1**はオーストラリアのシドニーに拠点を置く国際研究機関「経済・平和研究所」（Institute for Economics and Peace）が発表している世界平和度指数である。この指数は治安状況そのものを示している訳ではないが、その算定過程で、テロ活動の潜在的可能性、殺人事件の数、暴力犯罪の程度、暴動の可能性、政治的不安定さなどが加味されていることから参考になる。インターネット上で「世界平和度指数」とタイプしクリックすればヒットするのでご覧いただきたい。

　2014年版の平和度指数のトップ10は、順に1位アイスランド、2位

表1　世界平和度指数（2014）

	ベスト10ヶ国	ワースト10ヶ国
1	アイスランド	シリア
2	デンマーク	アフガニスタン
3	オーストリア	南スーダン
4	ニュージーランド	イラク
5	スイス	ソマリア
6	フィンランド	スーダン
7	カナダ	中央アフリカ
8	日本	コンゴ
9	ベルギー	パキスタン
10	ノルウェー	北朝鮮

http://www.visionofhumanity.org/#/page/indexes/global-peace-index
世界平和度指数より作成

デンマーク、3位オーストリア、4位ニュージーランド、5位スイス、6位フィンランド、7位カナダ、8位日本、9位ベルギー、10位ノルウェーとなり、ヨーロッパやオセアニアの国が上位を占めている。日本

はアジアではナンバーワンとなっているが、近年では、2010年が4位、2011年が5位、2012年が7位、2013年が6位であったことから、若干ではあるが順位を落としている。その背景には、北朝鮮の不透明な行方だけでなく、海洋進出の強化など台頭する中国を巡る日中関係と東アジアの安全保障環境の変化などが考えられるだろう。

また反対にワースト10を挙げれば、1位シリアで2位がアフガニスタン、以下3位南スーダン、4位イラク、5位ソマリア、6位スーダン、7位中央アフリカ、8位コンゴ、9位パキスタン、10位北朝鮮となっており、イスラム過激派によるテロが頻繁に発生している国々が多くを占め、また宗教対立や民族対立が激化している国や独裁色の強い国が入っている。

このランキングは世界162ヶ国における平和度を、国内の治安（難民数、政情不安、テロ活動、殺人事件数、暴力的なデモなど）や国内・国際紛争リスク（抱える国際紛争や内紛の件数、国際紛争や内紛による犠牲者数、近隣諸国との関係など）、軍事化（GDPに占める軍事費の割合、軍人数、通常兵器の輸出入、所有する重兵器の性能、軽兵器の入手しやすさの程度など）などの指標で評価したもので、2014年の報告書の中では、2008年と比較して世界の平和度は全体で4％悪化しており、状況が改善された国は51ヶ国、悪化したのは111ヶ国であるとしている。また近年のランキングの特徴として、上位30ヶ国の多数をヨーロッパ諸国が占めており、反対に下位30ヶ国はアフリカや中東の国が多くを占めている。

日系企業の社員や日本人の留学生がシリアやアフガニスタン、ソマリアや中央アフリカなどテロや内戦が多発する国々に仕事や留学で渡航することはあまりないと思われるが、日本人が多く渡航する国々においても、日本の治安とはかなり異なる事情があることがこのランキングから

序章　海外進出リスクと危機管理　17

もわかる。例えば日本人の留学生の渡航先としてメジャーな国々を見ても、日本の8位と比べ、ドイツが17位、英国が47位、フランスが48位、韓国が52位、そして米国と中国に至ってはそれぞれ101位と108位となっている。

　ランキングを観ただけでは想像しづらいかもしれないが、例えば（株）オオコシセキュリティコンサルタンツによる統計では、殺人事件発生率（2012年）で日本を"1"とした場合、米国は"5.8"、イギリスは"9.3"、ドイツは"3.3"、フランスは"3.7"であり、また強盗事件発生率（2012年）で同様に日本を"1"とした場合、米国は"39.4"、英国"37.2"、ドイツ"21.1"、フランス"65.8"となっている。

　また日本経済の成長を考えるならば、日系企業の海外進出はさらに増えることが見込まれ、天然ガスや石油などのエネルギー資源や安い労働力の確保にあたっては、治安が安定していない発展途上国への進出も避けては通れないものである。そうなればこのランキングの上位に名を連ねない東南アジアや南アジアなどの国々への進出が続くだけでなく、新たな開拓地も必要になってくるであろう。しかし今後の世界の治安情勢は決して楽観視できるものでないのが現実だ。以前と比べ国家間戦争の脅威は低下したものの、宗教対立や民族対立、経済格差による襲撃や暴動、テロなどは増加傾向にある。例えば世界各地で発生するテロをとってみても、その件数は近年において増加している。また今後世界人口は現在の70億人から2050年には90億人に達すると予想されるが、その人口の大多数はアジアやアフリカの発展途上国で増加することから、それに見合う分だけの教育や労働市場が確保されるかは不透明であり、今後さらにそのような国家内における治安が悪化する事も考えられる。そうなればこの世界平和度指数も全体として悪化する蓋然性が高いため、海外に進出する日系企業としても、進出計画を練る際にはこの平和度指数

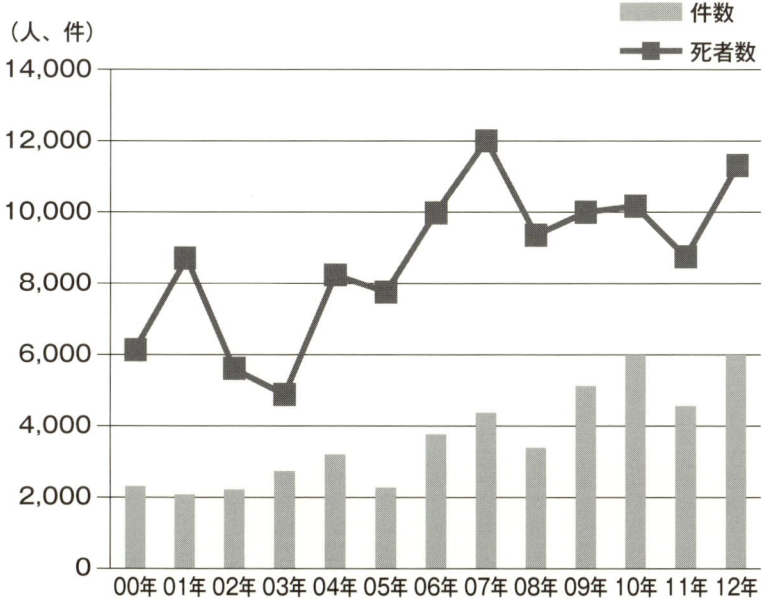

図1 テロの発生件数と犠牲者数

をひとつのバロメーターとすることも重要である。進出計画を練る際には、独自でニュースや治安情報を集めるだけでなく、世界平和度指数のようなより客観的な指標を用いる事は少なからず有益であると思われる。

次に世界のテロ発生件数と犠牲者数の推移を見てみよう。図1を参照されたい。2003年以降、年によってバラつきはあるものの、全体としては増加傾向が見て取れる。

また、図2にあるように、テロの手法としては爆弾によるもの、次いで襲撃が多くなっている。前者は無差別であり、人が多く集まる場所などでテロに巻き込まれる可能性がある。後者は計画的犯行で現地の幹部社員などが狙われるケースである。

序章 海外進出リスクと危機管理 19

図2　テロ攻撃の手法

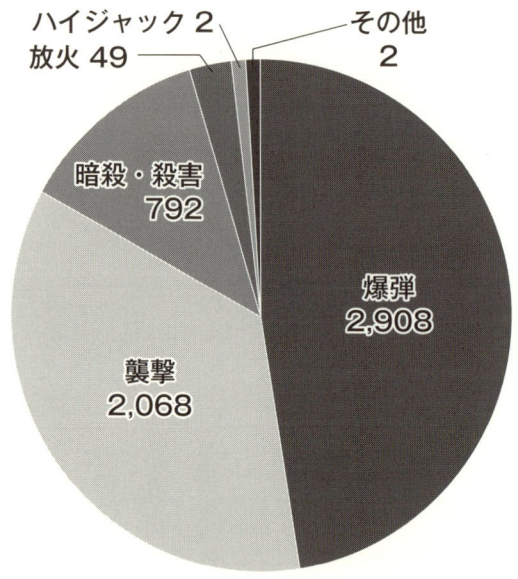

　表2を参照されたい。2001年以降の主要なテロで邦人が被害となった事件である。19件の事件で45人が亡くなっている。国、犯行現場の環境、手法はさまざまであるが、テロ事件での共通点は、邦人被害者はテロに巻き込まれて負傷または死亡している。つまり、必ずしも日本人をターゲットにしたテロではないにもかかわらず、結果的に被害に遭っているのである。

誘拐

　誘拐とは、非合法または不正手段によって人を拉致、拘束することと定義される。しばしば、身代金取得目的で行われ、世界中では少なく見

表2　2001年以降の主要テロ（邦人の被害状況）

発生年	月	発生国	テロの内容	邦人の被害状況
2001	9	米国	NY等への同時多発テロ	WTC等で21人死亡
2002	3	パキスタン	イスラマバードの教会へ爆弾攻撃	女性1人が負傷
2002	5	トルコ	イスタンブールのホテル立て籠もり	宿泊客2人無事
2002	10	インドネシア	バリ島のクラブ数軒への爆弾攻撃	2人死亡、14人負傷
2003	3	トルコ・ギリシャ	トルコ航空機ハイジャック・犯人投降	2人無事
2003	8	イラク	バグダッドの国連事務所へ爆弾攻撃	1人負傷
2003	11	イラク	ティクリットで外交官の車が銃撃	外交官2人死亡
2004	5	イラク	ムハマディアで武装組織が銃撃	旅行者2人が死亡
2005	7	英国	ロンドン地下鉄自爆攻撃	1人地下鉄内で軽傷
2005	10	インドネシア	バリ島の飲食店2ヶ所爆弾攻撃	1人死亡、3人負傷
2007	6	アフガニスタン	カブールの警察本部への爆弾攻撃	NPOの2人負傷
2008	3	パキスタン	イスラマバードのレストラン爆弾攻撃	日本人記者死亡
2008	11	インド	ムンバイのホテル等へのテロ攻撃	1人死亡、1人軽傷
2009	7	インドネシア	ジャカルタのホテル2件での自爆テロ	1人軽傷
2010	12	インド	ウッタルプラデシュ聖地での爆発テロ	旅行者1人負傷
2013	1	アルジェリア	イナメナス西部でのプラント襲撃	10人死亡
2013	11	中国	北京、天安門車両突入炎上事件	1人負傷
2015	1	シリア（IS）	ジャーナリスト、民間軍事会社経営者拉致殺害事件	2人死亡
2015	3	チュニジア	首都チュニスのバルドー博物館襲撃事件	旅行者3人死亡、3人負傷

積もっても年間3万から3万5,000件程度発生していると言われている。政治的または人種・宗教的な要因のみならず、日本人の感覚からすると信じられないかもしれないが、地域によってはビジネス（生業）として、家族、一族、あるいは政治的信条などに因らない特定のグループによって引き起こされている。その背景には、経済危機による失業、極端な貧富の格差、現地司法警察権力の低下による治安の悪化といった背景がある。

ある保険会社の推定では、身代金の支払いにより解放される被害者は67％、身代金の支払いなしで解放される被害者は15％、警察や軍などによって救出されたのは7％、自力で脱出したのは1％、残念ながら10％の被害者は、拘束中に死亡あるいは殺害されているとのことである[2]。

脅迫

脅迫とは、人の生命、財産、身体、名誉、自由に対して害悪をする告知を行うことと定義される。まさに、駐在員の生命や生活を脅かす行為であり、企業の工場やオフィスなどの施設に対する破壊、販売する商品への異物混入の告知などが含まれる。

海外リスクに関する企業の意識変化

トーマツ企業リスク研究所が発表した「企業のリスクマネジメントに関する調査結果」によれば、2011年、2012年と企業が対応すべきリスクの1位であった「地震・風水災など、災害対応の不備」が3位に後退し、「海外拠点の運営に係るリスク」が優先すべきリスクではじめて1

表3　企業のリスクマネジメントに関する調査結果

	全体 2011	全体 2012	全体 2013	1,000名以上 2011	1,000名以上 2012	1,000名以上 2013	1,000名未満 2011	1,000名未満 2012	1,000名未満 2013
海外拠点運営に係るリスク	6位 13%	2位 28%	1位 29%	4位 18%	1位 33%	1位 39%	9位 8%	3位 22%	4位 16%
情報漏えい	2位 28%	3位 19%	2位 28%	2位 27%	6位 14%	4位 28%	2位 30%	2位 24%	1位 27%
地震・風水害等、災害対策の不備	1位 37%	1位 32%	3位 26%	1位 41%	2位 32%	3位 30%	1位 33%	1位 32%	2位 21%
子会社ガバナンスに係るリスク	10位 10%	4位 14%	4位 26%	5位 16%	3位 18%	2位 32%	16位 4%	8位 9%	3位 17%
大規模システムダウン・情報逸失	3位 22%	8位 12%	5位 17%	3位 20%	11位 8%	5位 20%	3位 24%	4位 16%	5位 13%
役員・従業員の不正	9位 11%	13位 8%	6位 16%	8位 15%	11位 8%	6位 19%	10位 7%	11位 7%	5位 13%

調査方法
調査期間は2013年5月から2013年10月。主に企業のリスク管理部門、コンプライアンス部門、内部監査部門の担当者が参加したセミナーにおいてアンケートを実施。回答数は223社。調査は2002年から始めて12回目。

位となった（**表3**参照）。

　海外の拠点をリスクマネジメント対象にしている企業に注視すると、「適切に構築されている」企業は27%、「適切に構築されているとは言えない」企業が69%を占め、海外拠点に対する問題意識が明らかになった。多くの企業が海外拠点をリスクマネジメントの対象としている一方で、体制の中味が伴っていない構図が浮かび上がったと言えよう。同研究所は、事業拡大により増加する海外拠点でのリスクマネジメントがますます重要になってきたと分析している[3]。

1　Skipper & Kwon（2007）p.129
2　Skipper（2007）p.419
3　http://www.risktaisaku.com/sys/news/

2 駐在員の危機管理

危機管理の概要

　「危機管理」という言葉は、「ベルリン危機」や「キューバ危機」の頃から頻繁に使われるようになったと言われている[4]。いずれも米国とソ連（現、ロシア）とが対立していた冷戦時代の危機で、後者のキューバ危機とは、ソ連が米国の裏庭と言われていたキューバに核ミサイルを持ち込もうとした事件であり、米国にとっては国家の安全保障上譲れない問題であった。当時、米国のケネディ大統領とソ連のフルシチョフ首相との間で大変緊迫した駆け引きが行われ、核戦争へ一触即発の危機的状況になったことで知られている。

　ところで、英語のRisk Managementは日本において、そのままカタカナ表記で「リスクマネジメント」とされたり、あるいは「危機管理」と訳されている。また、英語にはCrisis Managementという語もあり、リスクが顕在化し、危機的状況が発生している事象への対応を意味している。そのままカタカナ表記で「クライシスマネジメント」あるいは同様に「危機管理」と訳されている。『危機管理 リスクマネジメント・クライシスマネジメント』の著者である宮林氏が指摘するように、日本においてはクライシスマネジメントの定義が曖昧なままに使われ混乱状態にある[5]。そもそも、「リスク」という言葉の定義からして、識者、各種制度（例えば、ISO31000、JISQ2001）、法制度（会社法）によってその対象とする範囲も異なることから多様であり、統一的な定義は存在

しない。本稿は学術的な分類定義を探求することを目的としている訳ではないので深く立ち入るつもりはないものの、曖昧なまま先に進むことは混乱を増幅する可能性がある。筆者の理解では、いわゆるカタカナ表記のリスクマネジメントは、広義には危機管理（クライシスマネジメント）を含む一連の諸活動である。一連の諸活動とは、危機発生時の緊急対応のみならず、平時における事前準備から危機対応および危機管理終了後のフォローアップまでを意味する。

しかしながら、本稿は海外におけるテロ・誘拐・脅迫を対象とし、危機（事件）発生対応をテーマとしていることから、狭義の「リスクマネジメント」（Risk Management）は、「今後発生する可能性のある損害・損失を最小限のコストで効果的に防御・抑制する一連の諸活動」であるとする。

一方、危機発生時の対応を中心に据える「危機管理」（Crisis Management）とは、「予想外の、あるいは予想を超えた問題事案の拡大防止や、それに伴う風評被害、ブランド低下から発生する損害・損失の極小化をするための一連の諸活動」である。事件としてのテロ・誘拐・脅迫を考えると、その損害・損失は企業にとって貴重なグローバル人材や専門家の喪失、それに関連する様々な費用の支出、仮に被害者が無事に帰国できた場合でも、PTSDの発症、対応いかんによっては他の社員の士気にも影響を及ぼす可能性もある。

また、製造拠点や販売拠点などの物的な損害も考えられる。換言すれば、危機管理の目的は企業価値の毀損を防ぐことによる企業価値の最大化である。上場企業であれば、事件発生による株価の下落を最小限に抑え、適切な対応をすることによって企業価値を回復させる「復元力（レジリエンス）」と言えよう。以下、簡潔に説明したい。

危機管理のフェーズ

危機管理は大きく分けて3つのフェーズに分かれる。

①平時における事前準備
②危機発生時の対応
③危機終了後のフォローアップ

①平時における事前準備は、駐在員に対する派遣前の「生活・安全教育」、「緊急時の対応マニュアルの整備」、「模擬訓練」、常日頃からの派遣地域における「安全調査」、「治安情報の収集」、財務的な体力を考慮したリスク・ファイナンスの準備が考えられる。

②危機発生時の緊急対応は、事件が発生した際の状況確認と報告、緊急対策本部の設置、情報収集と分析、一連の意思決定、在外公館・政府との連携、必要な物資と資金の調達、緊急要員の被災現地への派遣、犯人グループとの交渉、現地政府・警察・軍との連携、ステークホルダーへの情報開示などである。また、医療事情によっては治療のための緊急搬送、最悪の場合は遺体搬送の手配を含む。

③危機終了後のフォローアップは、事件の原因究明と再発防止、補償、事件対応の反省に基づく安全対策(マニュアルの改訂)の見直し、被害者及びその家族の精神的なケアなどが含まれ、平時における事前準備に反映して準備を行うことになる。また、事件の解決に協力した人や組織への御礼や論功行賞もある。なお、場合によっては海外進出の事業計画そのものを再検討しなければならなくなるケースもあるかもしれない。

そして、前記①から③の各段階について、経営管理のPDCAサイクルを回して関連部門を巻き込みつつ、素早く改善することが望ましい。
　次に、危機管理に関わるステークホルダーを確認してみよう。

危機管理のステークホルダー

　海外におけるテロ、誘拐、脅迫事件の危機時において企業を取り巻くステークホルダー（利害関係者）にはどのような人々、組織・団体があるのであろうか。被害者の家族・親族はもちろん、社員、取引先、進出先の協力会社・競合企業、現地雇用社員、進出先の在外公館（大使館・領事館）、現地政府、業界団体、顧客、株主、マスコミ、外務省等の関連官庁などが挙げられる。

　もし、これらのステークホルダーへの情報開示が内容的に不正確であったり、タイムリーでなければ何か都合の悪い情報を隠蔽しているのではないかとの疑念を招かせ不信感に繋がりかねない。その結果、企業価値を毀損してしまう可能性がある。上場企業であれば、株価に大きな影響が出るかもしれない。危機発生時のコミュニケーションは広義のIR活動と捉えることができる。危機発生時のステークホルダーとのコミュニケーションこそ真価が問われる。

　経営管理者が危機への対応に苦慮する主な原因として、概して危機というものが予期せぬ時に訪れることから、制御不能に見える状況と目まぐるしい変化が相まって、事態がいっそう複雑化するという背景がある。それに過度な圧力が加わると、経営者はパニックや過ちを導くような行動、不合理な反応を引き起こしやすくなる。外部の出来事に主導権を奪われ、戦略的に思考することが難しくなる[6]という特徴が挙げられる。

　危機発生時におけるコミュニケーターは、ステークホルダーを識別し、

それぞれのステークホルダーはどのような利害関係があり、どのような情報を求めているのか十分に認識する必要がある。また、法的な規制や会社の事情（制約条件）を勘案して、会社としてはどのようなメッセージ（危機の状況、被害状況、対応方針、取られつつある対策等）を伝えるべきか、それをどの方法（例えば、記者会見、ホームページへの掲載、対面説明、コールセンターでの対応……）で、誰が、どのような頻度で行うのか。そもそも入手している情報は裏が取れた確かなものか否か、不確実性がある中で対応しなければならない立場にある（ただし、カッコ内は筆者が加筆）[7]。危機発生時のフェーズごとにおける実務と留意事項の詳細については、第2章を参照されたい。

危機管理と組織・リーダーシップ

　危機の事象の展開は千差万別である。過去の経験や準備したことは十分役に立つであろうが、予想した通りの状況が現出する訳ではないことも事実である。実際の危機管理に当たっては、状況に応じて重要度や優先度を明らかにして、業務の順位を逆転したり、さまざまな作業を並行して行ったり、部分的に省略したりすることも必要になる[8]。

　それでは危機発生時に誰が責任者として組織を統括するのであろうか。危機管理の成否はリスク感性を前提として、その能力、知識、経験、リーダーシップに依存している[9]。欧米企業であれば、企業のトップ（社長、CEOなど）が先頭に立ち、チーフリスクオフィサー（CRO）やリスクマネジャーなどが実務を取り仕切るのが一般的であろう。日系企業ではかかる役職を設置している企業は多くはないので、総務部長や海外事業部長などが実務責任者となって危機管理マニュアルに定められた体制で臨むことになると思われる。

序章　海外進出リスクと危機管理　29

彼ら彼女らは総合職として採用され、ジョブローテーションの中で、たまたまその職位にあることが多いのではないだろうか。もしかしたら、異動して間もないこともあろう。すなわち、必ずしも危機管理に精通している訳ではない。ましてや、中堅・中小企業の場合、事前準備も含めて人材の確保は難しいのではないだろうか。

　危機発生時は情報が錯綜し、不確実性が高い中で次々と対策の意思決定を行わなければならない。また、情報の開示・発表も求められる。社内体制を整えるとともに、危機発生時には外部の危機管理のプロフェッショナル（コンサルタント）を活用することも一考に値すると思われる。

4　佐々（1979）p.11による。一方、国家安全保障（National Security）との対比で、第二次世界大戦後の1947年、米国内の治安維持や災害対応に充てるために創設された民間防衛プログラム（退役軍人の再雇用制度）に萌芽しており、米国では応用管理科学に位置付けられているとの異説もある。深見真希（2012）pp.4-5
5　宮林（2005）p.13
6　Argenti（2002）p.239
7　Lundgren & McMakin（2013）pp.71-81
8　宮林（2007）p.19
9　亀井（1997）p.96

3 危機管理の法的根拠

　最後に、企業が駐在員（従業員）の安全について責任を負う法的根拠を確認しておきたい。労働災害関連では、昭和47年に制定された労働安全衛生法があるが、本稿で着目したいのは、労働契約法（平成20年施行）である。その第5条に、「使用者は、労働契約に伴い、労働者がその生命、身体等の安全を確保しつつ労働することができるよう、必要な配慮をするものとする」と、使用者の「安全配慮義務」を明文化している。これを海外において発生するテロ・誘拐・脅迫と関連づけると、これらのリスクが予想される国・地域に従業員を駐在・出張させるに当たり、その地域における治安情報の継続的な取得、駐在員が安全に生活するための事前教育、緊急事態発生時の対応などを十分に行わないと民事責任が問われる可能性がある。

　また、会社全体のガバナンスに視野を広げると、会社法（平成18年施行）の第362条第4項第6号（取締役会の権限等）では、「株式会社の業務の適正を確保するために必要なものとして法務省令で定める体制の整備」を規定しており、会社法施行規則第100条1項2号において、「損失の危険の管理に関する規程その他の体制」を定めている。危機管理を含むリスクマネジメント体制の構築を求めていると考えられる。これらは取締役会の権限と責任を定めたものであり、取締役会を構成する取締役は経営の意思決定および業務の執行に当たり善管注意義務を負っている。すなわち、善管注意義務違反があった場合は、個人として責任を問われる可能性があるのである。

column 1

経営とリスク

　「リスク（risk）」という言葉は、イタリア語のrisicare という単語に由来する。この言葉は、「勇気を持って試みる」という意味を持っている。

ピーター・L．バーンスタイン
『リスク　神々への反逆』邦訳p.23

　はじめにはっきりさせておきたいのだが、リスクは良いものである。リスクマネジメントのポイントはそれを取り除くことではない。そんなことをすれば報酬までなくなってしまう。重要なことはそれを管理することだ。すなわち、賭けをする所、損失を防ぐべき所、賭けそのものを避けるべき所を選ぶことだ。ほとんどのリスクマネジメントの手法（保険、ヘッジ、投資対象の分散、他）は損失の軽減をするものであるが、<u>究極的な目的は、貴方が取っているリスクから生じる利益を最大化することである</u>。（下線は筆者が追加）

トーマス A．スチュワート
『FORTUNE Magazine』（2000年2月7日）アーカイブより

　さて、リスクとは何であろうか？　日本語でリスクと言うと、危険、危ないこと、避けたい事象という意味で使われる。換言すれば、忌み嫌うべきものと受け取られていると思われる。一方、英語では「Take a risk」 と表現する。Takeは取るであり、その主語はIやWeである。すなわち、望むもの（会社ならば利益）を獲得するために、自分の意思で危険かもしれないことに挑むというニュアンスがある。
　どうも欧米人の感覚と日本人のそれとは少し異なるようである。
　実際、（競争的な事業環境において）事業を営む以上、リスクがないということは利益を得るチャンスもないではなかろうか。卑近な例で言えば、トラックを保有する運輸業者は交通事故というリスクを抱えている。そのリスクがい

やだからと言って運行を停止すれば、運輸業は成立しない。しからば、どうすべきか？　例えば、安全運転の指導を運転手に行い、過重労働にならないようにスケジュールを組むことによって事故を起こす確率を減らすことができるだろう。リスクマネジメントでは、こうした努力をリスクコントロールと言う。しかしながら、どんなに努力しても、飛び出し事故やもらい事故など防げないケースもある。そのような時に、財務的な損失を補てんするのが保険である。これをリスクファイナンスと言う。

　いずれにせよ、事業リスクを想定内にコントルールすることが、企業価値の最大化に繋がるのではないだろうか。

第1部
危機管理の実際

第1章

平時における事前準備

安全チェック・訓練指示に対する現地の反応

「この忙しい時に、安全チェック・訓練だって？」
「まったく、本社の連中は暇なのですかね」
「衛星電話を使っての交信テスト、現地従業員網での連絡訓練、大使館・地元警察との連携、通勤経路の選択、お手伝いさんの身元調査、工場の防犯カメラ、警備体制の再点検……ふぅ」
「我々は、この国の経済発展に貢献しているんだよ。第一、大企業じゃないんだから狙われたりしないよ」

　本当にそうであろうか？　経験したことがない事件が起こり、目まぐるしく状況が変わり、不確実で断片的な情報が入り乱れる事件発生時、的確に対処することができるのか？
　反政府の不満分子やゲリラにとっては、現政権側による事業誘致活動で進出した企業は自分たちの敵と映ることであろう。なぜなら、現政権の経済政策がうまくいくことは自らの存立基盤を揺るがしかねないからである。
　また、国・地域によっては、経済格差は日本で想像する以上に激しい。貧困層にとっては現地に進出している日系企業は十分にお金持ちであり、ターゲットとなり得るのである。
　テロ、誘拐事件、脅迫事件のいずれにせよ、訓練や常日頃からの準備をすることによって弱点を補強しターゲットとなる確率を低くし、万一発生した場合でも損害をより小さく抑え込める可能性が高くなる。海外進出には確実にリスクが伴う。駐在員および在外資産の安全確保のためには、一定のコスト負担（費用、時間）は必要な投資である。

平時における対応では、以下の1から8が重要になる。

1 誘拐・テロの標的選択の方法を知り対策を立てる
2 海外安全担当部門の設立
3 事務所、工場、住宅の選定基準の作成
4 日頃からの情報収集
5 平時におけるマニュアルの作成と常備
6 シミュレーション訓練
7 赴任前の研修
8 リスク・ファイナンス

　本書で取り上げるテロや誘拐事件の統計をみると、日本と海外では大きな違いがあり、今日の国際情勢は決して安全ではないことがわかる。そして今後の国際社会においては、地球温暖化、資源獲得競争の激化や人口爆発による貧困・失業の増加、貧富の格差拡大など、より多くのリスクが表面化してくることが懸念されている。今まで以上に海外に進出する日系企業のセキュリティ対策というものが必然的に重要になってくる。そのような時においては、会社としてどう駐在員、出張者の安全を確保するかが第一義的な課題となる。日本の法律においても、企業の安全配慮義務の法的根拠となる条文がある。例えば、労働契約法第5条では、「使用者は、労働契約に伴い、労働者がその生命、身体等の安全を確保しつつ労働することができるよう、必要な配慮をするものとする」と使用者の安全配慮義務が定められており、また会社法第429条第1項は、「役員等がその職務を行うについて悪意又は重大な過失があったときは、当該役員等は、これによって第三者に生じた損害を賠償する責任を負う」と企業の損害賠償責任を明記している。さらに民法第715条

（使用者責任）、第415条（債務不履行）等を根拠に事業主に多額の損害賠償を命じる判例が多くある[10]。

このような法的要請に応えるため経団連は、企業行動憲章において以下のように、①企業トップは常日頃から危機管理の視点に立ち、緊急事態の発生を予防するための社内体制を整備する、②緊急事態が発生した場合には、経営トップ自らの指揮の下、適切な方針や施策を打ち出す、③社会に対し、トップ自ら事実関係、対応方針、再発予防策について迅速に説明を行う、などを取り決めている。

経団連の企業行動憲章

憲章第10　実行の手引き　（第6版）；
（1-1）緊急事態に対応する社内体制を構築する
　①平時より、経営トップを長とする対策本部の設置を準備する。
　②危機管理マニュアルを作成する。
（1-2）緊急事態への対応に関する研修、訓練を実施する。
　①一般従業員、管理職など階層別、管理部門、営業部門など部門別に実施する。
　②緊急事態の発生を想定し、対策本部設置や関係部門の連絡、広報対応の訓練を実施。
　③緊急事態発生のトップによる報道機関対応に関するメディアトレーニングを実施する。
（2-2）経営トップを長とする対策本部を設置する。
（3-2）事実関係が明らかになった時点で迅速に情報公開する
（3-3）報道機関などに対する対応窓口を一本化し混乱を避ける。

以上のような法律、最高裁判例、経団連の企業行動憲章があるが、それでは実際セキュリティ対策についてどれほど企業は関心を持ち、取り組みを見せているのか。以下の統計は2013年1月に発生したアルジェリア・イナメナス人質事件後に、ある研究機関が在留邦人及び在外日本企業の保護の在り方について企業にアンケートを取った結果について簡単にまとめたものである。

　2013年4月26日発表の「在留邦人及び在外日本企業の保護の在り方等に関する有識者懇談会」報告書の内容は以下の通りである。
　回答したのは約1,700社中100社（回答率6パーセント）
※大規模企業：1,000人以上　中規模企業：300人～999人　小規模企業：300人未満とする

・海外拠点のある地域
中国・台湾（94％）、東南アジア（82％）、北米（74％）、西欧（57％）、韓国（52％）、インド（46％）、中南米（38％）、東欧・ロシア（32％）、オーストラリア・オセアニア（29％）、中東（20％）、アフリカ（10％）
・危機管理マニュアルを作成している企業
大規模で56％、中規模で23％、小規模で10％（全体では57％が作成していない）
・海外勤務者の生活の手引きを作成・整備していない企業
全体で42％
・全体の93％の海外安全の情報源は外務省

　このようにみると、今後さらにグローバル化の影響を避けられない中で、企業の海外進出におけるセキュリティ対策が十分行われているとは

言えず、またその基本にも立ち入っていない企業が多くあることがうかがえる。今後は大規模企業だけでなく中・小規模の企業でも独自に海外展開を実現していかなければならず、現在は進出率20％や10％の中東アフリカ地域への進出が増加することが見込まれることにより、必然的にセキュリティ対策が重要になってくることは間違いない。

　また大部分の企業が外務省の海外安全情報を主要な情報ソースにしているものの、海外勤務者の生活の手引きを作成・整備していない企業が42％にも上っていることからは、最低限の情報は入手してはいるものの、危機が発生した時に十分な対応を取れる体制が整備されていないことがわかる。ではそれに対し、企業は事前に平時の準備として何をやっていればよいのか。順を追って述べていこう。

10　例えば、判例 S50.2.25. 最高裁、S59．4．10．最高裁、S50．2．25．最高裁、H12．3．24．最高裁

column 2

『私はコロンビア・ゲリラに二度誘拐された』

　果樹園の経営指導が目的でコロンビアに渡った日本人、志村昭郎氏の人質体験を描いた著作の題名である。志村氏は、大学卒業後、山梨県の郷里で公立中学校教師、サンパウロの日本人学校教頭、郷里の小学校校長、山梨県議会議員を２期務めた後、コロンビアで果樹園経営に従事していた。キャリアを見る限り、彼には身代金のスポンサーになるような組織はないし、（おそらく）大金持ちというわけでもない。少なくとも２回目の誘拐時は、年金生活者であった。にもかかわらず、２度の誘拐被害に遭ってしまったのである。「なぜ、私ばかりが狙われるんだ!?」と叫びたくなる気持ちは理解できる。

　志村氏は筆まめなのか、人質生活を克明に日記に残しており、人質収容所での生活、ゲリラの様子と組織、キャンプからキャンプへの移動の様子を実に克明に描いている。

　志村氏は、コロンビアは誘拐事件の多発地域であることを十分に承知していて、自宅から経営する農場に到着する時間もあらかじめ伝えてある時刻と意図的にずらすなどそれなりに工夫はしていた。1998年９月にFARCというコロンビア最大のゲリラ組織に拉致され、1999年２月に解放されるまで157日間の人質生活を送ることになる。

　帰国後もコロンビアへの思いが残る志村氏には、かの地における温帯果樹栽培の夢があった。それと言うのも、コロンビアの奥地ではコカが大量に栽培され麻薬禍の原因になっていた。温帯果樹に転換できれば農民の収入も増え世界的課題の解決にもなると考えたのだ。日本からの政府借款話もあったが、なかなか進まないのに業を煮やし、家族の反対を押し切って、2000年１月、コロンビアの首都ボゴタへ自費での再渡航を決意する。誘拐体験のある志村氏はホテル４ヶ所を数週間ごとに転々とするなど、安全対策には気を配っていた。

　しかしながら、何をしでかすか見当がつかない正体不明のゲリラ集団に再び誘拐され、こともあろうにFARCに売り渡されてしまう。志村氏は後に、誘拐は日本人密告者の手引きによるのではないかと推測している。

志村氏の著作から得られる教訓は、
①誘拐犯はターゲットの行動を監視して計画的に誘拐する。
②誘拐1回目はともかく、2回目は年金生活者であり決して金持ちではない。現地ゲリラにとって日本人は金蔓と思われており、誰でもターゲットとなり得る。当然、有名企業の役職員の場合、高額な身代金（税金？）の支払を要求される。
③人質の収容キャンプは町から離れた山岳地帯やジャングルの中にあり、移動もする。仮に脱出して助けを求めてやっと辿り着いた農場もゲリラの息がかかっている可能性がある。
④（コロンビア人の気質かもしれないが）明るく接することによってゲリラとも友好的になれる。その結果、自らの精神的安定も保てるようになる。
⑤ケガをしたり病気になると足手まといとなり、殺される可能性が高くなる。生き延びるためには、与えられた食事をしっかりとり、さまざまな工夫をして健康を維持しなければならない
　ということである。
　国・地域におけるゲリラの民族性、犯人グループの組織・統制、イデオロギー・政治的背景などによって異なる可能性はあるものの、志村氏の体験記は極めて貴重な資料と言えよう。

出典
志村昭郎（2004）『私はコロンビア・ゲリラに二度誘拐された』
ランダムハウス講談社

1 誘拐と対策

誘拐の標的選択

　誘拐犯は、標的の選択に関して事前に綿密な調査を行っている。身代金の取得を目的とする誘拐では、高額の身代金が支払える経済力のある企業の幹部等複数人をリストアップし、あらゆる情報源から氏名、年齢、顔写真、職位、趣味、家族構成、交友範囲、車種とナンバー、自宅の防犯設備や警備体制などの情報を収集する。

　そして、リストアップされた複数の標的の一人一人について更に綿密に生活・行動を観察・内偵する。この内偵は短くとも１週間、長ければ数週間かけて行われ、その内偵結果に基づいて最終的に実際のターゲットが決められるのである。さらに犯人はターゲットの生活・行動パターンを分析して、成功の確率が高いと判断される日時・場所を選んで誘拐を実行する。生活・行動パターンとは、ウイークデイであれば、通勤のために家を出る時間、通勤経路、昼食時の外出（時間と場所）、帰宅のための退社時間、立ち寄り（時間と場所）、同行者と警備状況、休日であれば、ゴルフなどの趣味やボランティア活動、買い物（時間・場所）とルートなどが挙げられる。

誘拐対策

　犯人は、標的に関する情報収集のためにあらゆる手段を使う。例えば、

自宅近くに自動車を駐車して張り込みを行い、行動パターンを観察することがある。同じ自動車が自宅周辺に長時間、何日間にわたって駐車している場合は注意を要する。しかしながら、自動車はもっともらしく見えるように配達、工事、あるいは引っ越し業者などに偽装していることもある。

　また、内通者を送り込む、あるいは使用人を内通者に仕立て上げることもある。メイドや運転手を雇用する場合は、しっかりした紹介者のいる人を選ぶことが大切である。当然ながら、自らの生活・行動のパターンを変化させること、身の回りに注意することが誘拐の対策としては極めて有効である。

column 3

イスラム国は「グローバル化のリスクが創出した産物」

　イスラム国（IS）は、その指導者であるバグダディが2014年6月下旬に建国を一方的に宣言したものであるが、その前はISIL（イラクとレバントのイスラム国）を名乗っており、またそのISILも2013年4月に当時のイラクのイスラム国（ISI）から改名されたものである。さらにそのISIも2006年10月に誕生したもので、その由来は2003年のイラク戦争以降、同国内で政府当局やシーア派を標的としたテロを繰り返すイラクのアルカイダ（AQI）にある。

　AQIは、イラク国内でカリフ国家創設を目標とするイスラム教スンニ派武装勢力で、2004年4月にAQIの前身組織である「アル・タウヒード・ワル・ジハード」（al-Tawhid wal-Jihad）を率いるヨルダン人アブ・ムサブ・ザルカウィによって設立された（2004年10月にアルカイダのビンラディンへの忠誠を宣言）。AQIによるテロ活動は、2003年8月のイラク国連事務所爆破テロ事件や2004年10月の日本人青年殺害事件などをはじめ、バグダッドやモスル、ティクリート、ファルージャなどイラク北中部を中心に発生し、さらには2005年8月のイスラエル・アカバ湾に停泊中の米軍艦を狙ったロケット発射事件や同年11月のヨルダン・アンマンにおける米系ホテル爆破テロ事件などイラク国外でも発生した。

　しかし2006年6月にAQIの指導者ザルカウィが米軍の空爆により殺害され、翌年には米軍が一部の地元スンニ派部族勢力と自警組織"覚醒評議会"を形成し、ISIに対する大規模な掃討作戦を西部アンバル県などで実行した。それによりISIは組織として弱体化し、イラク国内でのテロ事件数は2006年から2007年をピークに減少傾向に転じた。

　ところが2011年12月の米軍によるイラクからの撤退やシリア内戦などの影響で、ISIはバグダッドを中心に軍や警察、シーア派教徒を標的としたテロ攻撃を繰り返すなどその活動を活発化させ、テロ事件数は再び増加傾向になった。

　そして2011年のアラブの春でシリア内戦が激化するにつれ、ISIはシリア国内での勢力を拡大し、そこで多くの外国人戦闘員を獲得した。また欧米から軍

事支援を受けていた世俗派反政府勢力から多くの武器を奪取することにも成功し、ISILは組織的に軍事的に強大化するに至った。

　そのような中、2014年1月、イラク西部アンバル県のファルージャやラマディを制圧したことをはじめ、6月上旬には北部にある同国第2の都市モスルに攻め込み、軍・警察施設や刑務所、空港、政府庁舎、銀行などを奪取した。それによりイラク軍兵士が残した武器や戦車、銀行にあった莫大な現金などを奪っただけでなく、刑務所から脱走した受刑者が組織に加わったことでISは組織としてさらに強大化した。

　それではなぜISには多くの外国人が参加しているのか。それには企業のグローバル化のごとく、国際社会のグローバリゼーションが大きく関係している。今日のヒト、モノ、情報のグローバル化は、我々日本人にも多くの利便性を与え、現在はその影響・恩恵なしに満足のいく日常生活を送ることは難しい。しかし、当然のごとくグローバル化はリスクの国境を越えた動きも促進し、そのひとつがアルカイダのような国際的なネットワーク、ブランドを有する存在を生み出し、さらにはISのように国家のコントロールが脆弱なスペースに入り込み、一定の土地を自らでコントロールする存在を創出させたといえる。ISはフェイスブックやツイッター、ユーチューブなどの最新のテクノロジーを巧妙に利用し、世界各国から賛同するメンバーを募集・リクルートし、またフィリピンのアブ・サヤフやナイジェリアのボコ・ハラムなど遠い地域のイスラム過激派へも影響力を拡大するなど、アルカイダ同様にISも一種のブランド、イデオロギーを保持していると言える。

　今日の国際社会では以前と比較して、自由なインターネットの利用・サイバー空間へのアクセス、国境の壁を越えた資金取引、安価な値段での外国渡航などがよりハードルの低いものとなっており、それがISのような存在を創出したと言える。

　著者の1人である和田大樹による「イスラム国」に関する論文の要約を第2部の最後に補論として掲載している。参照されたい。

2 テロと対策

現地の発展に貢献する事業は狙われないか

　これまで海外・日本で起きた日本企業、日本国内で起きたテロを見てきた。海外のテロで日本企業が直接狙われることはない、という今までの通説は、完全に覆っていることが明白になった。日本企業は、これからますます海外に進出することが求められる。進出先で、テロに巻き込まれないための対策だけでなく、テロのターゲットとなることを前提とした安全対策を進めてほしい。

　特に注意したいのは、今取り組んでいる事業が、発展途上にある現地国の人々の経済・文化の発展に資する、あるいはその社会・経済生活を向上させる事業、もしくは政府主導の援助事業の場合である。
　「現地の人々の発展に貢献する事業だ」という誇りと自信が、心の奥底に、「現地国のためにやっている仕事だ。その国の人に感謝されこそすれ、襲われる心配はない」という過信を生じさせやすく、セキュリティ対策を軽視しがちになってしまうことである。「現地の人のためになる仕事」も、反政府の立場をとる人から見ると、「現政権を支え、我々を駆逐しようとするもの」となり、「どんなことをしても阻止しなければ」と、テロ・襲撃につながってしまうことを再確認していただきたい。そして、全方位的な視野から現在の安全対策を見直してほしい。

テロ対策

（1）基本姿勢
①事前情報の入手に努める
- テロの発生しやすい地域に出張、駐在する場合は、事前にその地域の治安情勢のみならず、政治、歴史的・宗教的・人種的背景や問題点を十分に把握し、リスクの評価を行うこと。
- 外務省情報以外にも、危機管理コンサルタントの情報、現地駐在員および駐在経験者などから幅広い情報の入手に心掛けること

②テロに対する警戒心を高めておく
　テロの発生しやすい地域へ行く場合は、常にテロに対する警戒心を強める自助努力が必要であり、周囲の不審人物などへの注意、周辺の異変への観察力を養う努力が肝要である。

③地元民への貢献
　テログループの多くは、「地元民のため」を標榜する。そこで、現地に進出する企業も、現地人の採用、現地物資の活用、現地の学校・子供への支援、道路・水道・水利等インフラ向上等、現地の人々の生活・文化に寄与することを実行することが、テロの防止に効果がある。

（2）場所、行動別注意点
　テロは兆候なしに発生するケースも多く、突発事態への対処は事実上不可能であるが、警戒心や注意力により被害に遭う確率及び損害を最小限に止めることは可能である。
①空港での留意点
- 空港到着後は速やかに搭乗手続きを済ませ通関に向かう

- 通関後の待合室でも不審な人物や行動に気を配る
- 他人から携行荷物を決して預からない（麻薬の密輸を幇助する恐れもある）

②ホテルでの注意点
- ロビーでの長居は避ける
- ホテルの部屋は中層階で表通りに面していない場所を選ぶ
- 在室時はカーテンを閉めておくことが望ましい（爆風除け）
- できれば、ベッドの頭は窓寄りでないほうが良い
- 避難ルートを確認しておく
- ロビーや廊下での不審人物、不審物に気を配る

③車で移動中の注意
- 交差点などでの停車時には、車間距離を空け、急な方向転換を可能にしておく
- 駐車時には車に爆発物を仕掛けられないよう、安全な場所に停める
- 街中で異常事態に気づいたら全速力で現場から離れる

④外出時の注意
- 目立たぬ工夫（服装、行動様式など）
- 緊急時に駆け込める場所（警察、ホテルなど）の位置を熟知しておく
- 住居、事務所、ホテルの出入り時には周囲の不審人物、不審物の有無を確認する
- 尾行や監視の気配を感じたら関係者と相談、国外退避を含めた対応を実施
- 集会やデモに出会ったら、ただちにその場から立ち去る
- 狙われやすい施設（政府・軍・警察など）に極力近寄らない
- 無差別テロの対象になりやすい商業施設には長居しない。滞在中は

十分な注意を怠らない
- 状況や地域によっては公共交通手段の利用を避ける

⑤住居の注意
- アパートの場合は、警備の厳重な物件を選ぶ
- 部屋の選択基準はホテルの部屋の選択と同様の注意が必要
- 独立家屋の場合は、寝室や居間が直接大通りに面していないことが好ましい
- コンパウンド（塀で囲まれた高級住宅地）内の家を選ぶ場合は、メインの通りを避ける。奥まった場所でなおかつ、塀際でない物件を選ぶ
- 周囲にテロの目標となるような施設のない地域を選ぶ

⑥オフィスの選択
- 警備の厳重なビルを選ぶ
- 雑居ビルの場合、テロのターゲットとなりやすい外国企業ないし政府関連の施設が入居していないことを確認する
- 近隣にテロのターゲットとなるような施設がないことを確認する
- 念のため、オフィスの窓にはガラスの飛散防止フィルムを貼る
- 緊急時の退避路を確認しておく

（3）テロに遭遇した場合
- ただちに現場から可能な限り遠ざかる（二次被害の回避）
- 地面に伏せる、物陰に飛び込むなどの瞬間の判断と動作を心がける
- 車で通行中の場合、必要に応じ車から降りて現場を離れる
- 事務所等に安否の電話を入れる
- 銃を向けられたり、拉致されたりした場合は、相手を刺激せず、安全第一の冷静な対応を心掛ける（ハイジャックも同様）

column 4

フィリピン・ミンダナオ島日系企業襲撃テロ

　ご存じの通り、フィリピンには、いくつものテロ組織がある。無差別テロ事件や身代金目的の誘拐事件を繰り返している反政府イスラム勢力の、モロ・イスラム解放戦線（MILF）やアブ・サヤフ・グループ（ASG）ないしはジェマー・イスラミア（JI）のほか、革命税あるいは革命協力金名目で企業から活動資金を恐喝している共産党の軍事部門である新人民軍（NPA）などがよく知られている。1986年11月15日に起きた、日本の総合商社マニラ支店長誘拐事件（支店長は翌年3月31日に解放）もNPAの犯行であった。

　2011年10月3日、フィリピン南部ミンダナオ島の北スリガオ州で、日本企業などが操業するニッケル鉱山3ヶ所が、約200人の共産ゲリラNPAに襲撃された。NPAは、爆弾やライフル銃で武装し、フィリピン人の警備員4人を殺害し、民間人2人を負傷させたうえ、鉱山関係者を人質にとった。火炎瓶で掘削機や車両などを炎上、破壊し、約52億円の被害を与えた。幸い同鉱山で働いていた、60人余の日本人従業員は、一時拘束されただけで身体的な被害はなかったが、鉱山は操業停止に追い込まれた。

　NPAは、鉱山開発は「フィリピンの環境を破壊し、天然資源と地元住民を搾取するものだ」、「先住民を駆逐している」等と主張し、一方、この「NPA」を軍事組織として傘下に抱えるフィリピン共産党も4日、NPAによる犯行を認め声明を発表した。声明では、日本の金属鉱山の子会社でニッケル製錬会社の「タガニートHPALニッケル」（THPAL）など3社を名指して、「環境破壊や労働者の搾取を進めている」、「鉱山開発は環境を破壊し、天然資源と地元住民を搾取するものだ」と非難した。同月20日には、同ミンダナオ島コンポステラ・バレー州において、約25人のNPAの一団が日系企業のバナナ農園を襲撃し、トラックや通信施設を破壊・炎上させるなどして、500万ペソ（約900万円）の被害を与えた。このほかにも同島では、日本を含む外資系企業の農園を標的とした襲撃が起きている。

3 リスク・コントロール

海外安全担当部門の設立

　これは業種、企業規模、海外展開の割合など企業の実態によって相当異なると思われるが、やはり企業のセキュリティ業務を担当する部署を設け、常日頃から情報収集、駐在員の安全確認、研修・訓練、必要な情報の上層部への伝達などを速やかに実行できる体制を整えておく必要がある。

　「**表4：企業の危機管理体制における日米比較**」を参照されたい。一般論ではあるが、大企業における危機管理を担当する組織は、日本では人事・総務部に置かれ、また担当者はジョブローテーションで総合職が就くことが多いようである。つまり、危機管理の専門家ではない。一方、米国では経営トップ直結の安全担当の専門組織として設置され、担当者はそのキャリアとして警察・FBI・CIA・軍などの経験者が多いようである。この違いは大きいと言えよう。

　それでは中小・中堅企業ではどうであろうか。人的、財政的制約から海外安全担当部門を設置するまでには至っていないのが実情ではないだろうか。しかし今後の国際市場と日本経済の発展を考えるのであれば、中小・中堅企業の海外取引、海外進出も避けては通れないのが実情だ。よって担当の部署を新たに設置することが難しいとしても、専任のセキュリティ担当者の任命や社内でのセキュリティ研修など、少しでもセキュリティに対する理解と関心を高めていくことが重要である。

表4：企業の危機管理体制における日米比較

	日　本	米　国
組織	人事・総務部の下部組織	トップ直結の組織 Corporate Security
セキュリティ担当者経歴	総合職社員	警察・FBI・CIA・軍などの経験者
セキュリティに対する企業姿勢・根拠	安全配慮義務の遵守 規程、マニュアル	規程・マニュアルで規定 ＋規程・マニュアル制定 ＋研修、情報提供 ＋人事評価、予算編成
業務内容	マニュアル作成、 研修、訓練 情報収集 有事対応	マニュアル作成・研修、訓練、情報収集、有事対応、法治機関との連携 社内外の不正調査 セキュリティ・サーベイ（現状調査） VIP・イベントセキュリティ 情報セキュリティ
危機管理マニュアル	大半の企業は未作成	多くの企業で作成
海外拠点セキュリティの現状調査	大企業を除き未実施	定期的に実施

事務所、工場、住宅の選定基準

　海外で会社事務所、駐在員の住宅などを探す場合の選定基準を定めておくことは極めて重要である。治安状況もわからないはじめての海外で、安全な地点に事務所を設け、住宅を選定するのは極めて難しい。事務所や住宅の選定によって通勤経路が異なってくるし、子弟の日本人学校やインターナショナル・スクールへの通学にも心配が出てくる。

　新たに海外拠点を決める前に、現地の治安情勢を調べて適地を選ぶのが、まず必要なことである。最初は、いくつかの事務所、住宅の候補地を選び、その中から最適な地に決めるのである。その際、現地の日本大使館からアドバイスを得ることも有効である。できれば日本国内にある海外危機管理に精通しているコンサルタントを通して、現地のコンサルタントに実施させるのが望ましい。現地だけの考え方では駐在員の要望を満たさない場合が多いからである。費用は掛かるが、駐在員の安全確保のための必要経費である。

　また、会社・工場の建物および駐在員の住む家などについては、安全基準を定めておくことも必要だ。駐在員の住む家については住宅手当の基準があるだろうが、駐在員はともすると見た目の良い住宅に目が向きがちで、安全を二の次にする傾向がある。

　駐在員の住宅に本来備わっているべき安全対策基準をあらかじめ決めておけば、「見映え」だけにとらわれることなく、しっかりした住宅が選定されることになる。その際必要な安全のための施設・設備は、住む国・地域により、あるいは集合住宅と戸建住宅によって異なるが、次のような項目が挙げられる。ただし、一般的には集合住宅のほうが、安全対策はしっかりしていると言われている。

- 外周塀がある、あるいは外壁が頑丈であること
- 警備員が24時間常駐し警戒していること
- 建物の周囲、玄関、郵便室、駐車場、エレベータ、廊下にCCTVカメラがついており、常時モニターされていること
- 集合住宅では３階以上。ただし、最上階は除く
- ドア、窓には二重以上の錠がついていること
- 錠・鍵は入居時に替えさせること
- 廊下および室内に非常ベルがついていること
- 管理人が、今までの住民の犯罪被害について把握している
- ガレージのドアはリモート・コントロールで開閉できること
- セキュリティ・ルームもしくはシェルターとして使える部屋があること
- 管理人の身元をしっかりと把握していること
- 家事手伝いを雇う場合は、それらの身元がしっかりしていること

「安全対策基準」は海外拠点所在地の治安情勢に合わせて事前に制定し、赴任予定者が決まり次第、本人に渡して理解させる必要である。いったん入居してしまったら、あとは日本に帰国するまで、知らぬ顔の半兵衛を決め込んでいる会社もあるが、現地の治安情勢は常に変化する。定期的に近隣も含めて安全調査をすることをお勧めする。

使用人を雇う場合の注意事項

　ガードマン、運転手、家事手伝いなどの使用人を雇う場合は、特に注意されたい。これまで日本人駐在員が被害に遭っている事件を調査した結果、雇っている使用人による手引き、情報提供等の協力があったこと

が報告されている。使用人を雇う際、前任者からの申し受けが一般的であるようであるが、以下のポイントに留意されたい。
・管理人、家事手伝いの身元は必ず雇い入れる前にチェックすること
・雇い入れた後も、年に一度は、書面にて提出させること
・家事手伝いを雇う場合は、それらの者用の部屋があること

日頃からの情報収集

　周知のように、国際情勢や各国の治安情勢は日々刻々と変動する。治安が悪かった場所の治安が徐々に改善することはあっても、突然改善することはあまりない。反対に治安が比較的良かった場所の治安が徐々に悪化することもあるが、"突然"に悪化することもしばしばみられる。これが世界の治安情勢の現実である。我々日本人、特に戦争を知らない一般的な今の日本人の治安観は、今日の世界的な治安情勢の現実と大きな乖離があると言っても決して過言ではなく、日本人の常識で企業の海外進出を進めるということは、さまざまなリスクを自ら背負って立つことを意味する。よって、進出計画を練る以前からそのようなリスクを理解し、それに直面することを未然に防止するための対策というものが重要になってくる。

　例えば日本企業の多くが進出する国として中国があるが、周知のように最近の日中関係はよくなってきているものの依然として停滞している。いつ反日行動が起こるかわからない状態だ。また中国の政治体制、官僚の汚職、経済格差の拡大、少数民族問題、環境問題などを考慮すれば、そこに駐在する同僚とその家族の身の安全を心配しない人はいないと思われる。また、タイやインドネシアなどの東南アジア諸国においても、日本との外交関係は良好であるが、2013年のタイ暴動や依然として続

くインドネシアでのテロの脅威のように、政治的・経済的な国内情勢を背景にいつ治安が悪化してもおかしくない要因は消えていない。

　このような事情からも、海外に進出する際には常に日本ではあまり馴染みのないようなリスクが現実に起こることもあり得ることから、自らの企業や社員の進出先の国や都市の治安情勢については、天気予報のように常に気を配っておく必要がある。情報収集する際は、日本のメディアや外務省情報を活用することはもちろんであるが、世界各国の外務省渡航情報、ロイターやBBCなど外国通信社の情報、さらには国際危機グループ（ICG）やユーラシアグループ（Eurasia Group）など世界各地の政治リスクを分析する研究機関・コンサルティング会社のレポートなどを活用することも重要である。

　以下に、海外における治安の情報源を参考までにリストアップしておく。それぞれ特徴があるが、内容的には一般的な渡航注意情報、海外の外務省によるリスク評価サイトへの誘導、個別の治安情報がある。また、更新タイミングに着目すると、めったに更新しないものから毎日配信しているものまである。目的に応じて複数の情報源を活用して迅速に正確な情報を得られるようにしたい。

・外務省 海外安全ホームページ　http://www.anzen.mofa.go.jp/
・NHKワールド 海外安全情報　http://www3.nhk.or.jp/nhkworld/anzen/
・日本在外企業協会 海外安全情報　http://www.joea.or.jp/safetyinfo
・ジェトロ　海外ビジネス情報　http://www.jetro.go.jp/world/
・テレビ各局のニュース番組
・新聞、専門誌
・危機管理コンサルタント会社

平時におけるマニュアルの作成と常備

　次に、日頃から情報収集を行っていて、いざ危機が起こった時にどうするかあらかじめ定めておくことが重要となる。例えば、進出先の国で突然大規模な暴動が発生し、それにより政権側と反政府側の対立が激化することで主要道路や国際空港が封鎖されるといった事態が起こった場合、そこで本社として冷静さを欠く行動をとると、駐在員の安全が脅かさせるだけでなく、国内からはマスコミの非難の対象となり、会社のブランド価値・評判を落としかねない。またいくら情報収集を日頃からしていても、上記のようにいざ危機が起こった時に十分な行動をとれるとは限らない。「情報を集め、理解する」と「何か起こった時にどう対応できるか」は別問題である。

　よって、事前に平時の時から、危機が発生した時にどのような対応を取るかをあらかじめ定めておくガイドラインのようなものが必要になってくる。要は危機発生時における対応マニュアル（以下、危機管理マニュアル）というもので、緊急対策チームの設置、責任者や役割分担（情報収集、メディア対応、家族のケアなど）の明確化、政府や現地の在外公館との連絡方法など危機発生時のおける必要事項、対応順序などを定めておくことである。ただし、あまり複雑なマニュアルにする必要はない。危機時においては対応する側に精神的な余裕があるとは考えられず、その中であまりに詳細なマニュアルにしてしまうとかえって混乱を招き、十分な対応が取れなくなってしまうこともある。よって、マニュアルは簡潔に、フレキシブルに対応できるように仕上げておくことが重要であるが、必ず大事なポイント（どのような危機に社員が巻き込まれたか、今回の事態における自社の責任者は誰か、誰が何を担当するか、定めら

れた担当者が不在の場合の代替順位など）は含めておかなければならない。特に注意を要することは、対策本部は24時間体制で運営されるのであるから、人員も3交代の体制を組むことを前提にしておくことが必要である。

　マニュアルは、平時によく読んで理解し、有事にはマニュアルを熟知した者がチェックリストを参照して指示や進捗確認を行う[11]ことによって漏れをなくし、意思決定を助け、対応策の作成・実行に寄与するものである。

　一方、そのような危機管理マニュアルなど必要ないといった声を聞くことがある。はたしてそうだろうか。日系企業の社員は定年までひとつの部署で同じ職務を続けることはまれで、基本的には人事異動を繰り返す。よって危機管理、セキュリティ部門を担当する社員も数年に一度は変わる。職務に慣れないうちに危機が発生した場合に、危機管理対策のガイドラインたるものがなければ十分に対応できない可能性が高くなる。

　そもそも、緊急事態対応は時間との戦い、ゆっくり議論して採決する時間などない。「危機が発生した時、わが社はこうする！」といった危機管理マニュアルを人事異動に関係なく文書で明確化して設置することが望ましい。

　ところで、どれくらいの企業が危機管理マニュアルを作成しているのであろうか。「労政時報」（第3848号）によれば[12]、全体では43％の企業が危機管理マニュアルを作成している。これを海外赴任者数別に見ると、500人以上の企業では100％となっており、緊急事態発生時を想定した準備がなされていることがわかる。一方、100人～499人では71.4％、99人以下では30.9％と大きな格差が存在する。また、現地で勤務している者の安否を確認する体制整備は、全体では59.9％の企業が整備していると回答している。同様に海外赴任者数別で見ると、500人以

上では100%、100人～499人では67.9%、99人以下では55.9%である。

　海外赴任者数は業種業態による特徴はあるにせよ、ほぼ企業規模と読み替えても良いのではないだろうか。これらのデータから読み取れることは、中堅、中小と企業規模が小さくなるほど、海外安全対策の準備が必ずしも十分ではないことがわかる。

危機管理マニュアルで定めること

①会社の基本方針の表明：人命尊重、会社資産の保護
②普段の予防・安全対策：本社・海外拠点の責務、社員・家族の任務、緊急連絡網
③緊急事態発生時の対応：安否報告、緊急報告、対策本部の構成員と代替順位
④緊急事態への対応：緊急連絡対策本部の設置・維持、構成員・任務、被害者の救出・救護、犯人への対応、関係機関への報告・救助要請、家族対応、広報対策、外部との連携、援助
⑤緊急事態終息後の対応：関係機関報告、被害者の身体的・精神的ケア、事件の原因究明、再発防止
⑥その他

シミュレーション訓練

　実際の訓練も重要となる。日頃から情報を収集していても、危機発生時における対応策を明確化しておかなければ実効性は担保されない。さらに、いくら危機管理マニュアルが完備していたとしても、それは机上で作り上げられたものであり、実際に運用できるものとしての保証はな

い。そのはじめての運用が危機の発生時では多くの不安が残る。危機管理マニュアルの完成は、決して危機発生時の対応の万能・万全を意味するものではなく、訓練でそれを改善しなければ、単なる想像の産物でしかない。よって平時において作成した危機管理マニュアルをもとに、定期的に担当者全員参加のもとシミュレーション訓練（トレーニング）をしておくことが重要である。訓練計画は静的なものではなく状況の変化を含む実践的なものが好ましい。危機管理コンサルタント会社によるサービスを利用するのも一考であろう。

また、駐在員は人事異動による交代がある。たとえ衛星電話が現地に配備されていたとしても、実際に使ってみなければ実効性は担保されない。実践的な訓練によって新たな問題点（理解不足・不備）が発見でき、それをマニュアルに修正事項として反映することで、実効性を向上させることができる。また、そのような過程を通して担当者の習熟度も上がるのである。

赴任前の研修

しかし、危機管理マニュアルに沿って企業独自でシミュレーションするだけでは十分でないことも少なくない。文字通りマニュアルは危機発生時に適切に対応することを目的としたものであって、日常生活における対策を取り決めたものではない。

出張と異なり、駐在というものはその国の日常社会の中に入って生活するものであることから、赴任前に日本と現地国の政治や文化、習慣、考え方の違い、事件に遭ったらどうすべきかといった対応策などについて、海外安全セミナーや赴任セミナーなどを利用して事前に学び、十分理解してから赴任することが望ましい。

また、駐在員本人だけでなく、帯同する家族も同時に研修を受けるべきだろう。なぜならば、さまざまなケースがあるものの、一般的に駐在員は自分の企業の海外オフィスや操業する工場など、日本人社会の中で多くの時間を過ごす。反対に帯同する妻（夫）や子供たちは、場合によっては現地の学校や社会などで多くの時間を過ごし、現地に溶け込まなければならないことも多い。よってこの場合には、帯同する家族のほうがより現地の治安や社会について理解しておく必要があり、それをやっているかやっていないかで大きな差が出てくる。具体的には現地の医療制度、文化や伝統（日本ではまったく問題がない行為でも現地でタブーなこともある）などが重要となる。

　もちろん企業によって進出する地域や国が違うので、事前に想定すべきリスクの数や種類も異なってくるだろう。労働力や人件費を考慮すれば、今後、日系企業の進出の増加が見込まれる地域・国（南アジアやアフリカなど）の治安は決して良いとは言えず、あらゆるリスクに対応できる危機管理体制を構築しておく必要があろう。

11　竹内、他（2014）p.119
12　労政時報（2013）pp.36-37　回答数は100社で、500名以上の海外赴任者数の企業の回答社数は2社。ただし、海外赴任者数が不明な企業が2社は除く。本文中の海外赴任者数の区分は筆者が再編

column 5

危機管理と株価の関係

　想定されるリスク（事件・事故の発生）に関する認識があれば、企業として事前に十分な準備をすることができる。準備があれば、事故の発生を防ぐまたは発生頻度を下げることができ（リスクコントロール）、仮に発生した場合でも、その経済的損失を最小限に留めること（リスク・ファイナンス）ができるだろう。

　本稿が対象としているテロ、誘拐という事件・事故と株価の変動に関する研究論文は、残念ながら筆者が知る限り見当たらない。しかしながら、情報流出という事件・事故の発生と株価の変動に関する研究論文は存在する。すなわち、事件・事故の内容的には異なるが、想定されるリスク、その準備、株価への影響（結果）という意味では本質的に同じであり、実務の参考になると思われるので要旨を紹介したい。

　「リスク情報の事前開示が投資家の意思決定に与える影響―情報流出リスクの顕在化ケースを用いて」は、リスク情報が投資家に有用な情報として活用されているか否かを検証する目的で書かれた論文である。分析対象は東証第一部に上場している企業であり、有価証券報告書の「事業等のリスク」に、情報流出リスクの記載（情報開示）があるかどうかで、企業が当該リスクを認識しているとした。リスクを認識している企業は、程度の差はあるかもしれないが、何らかの対策（リスクコントロール・リスクファイナンス）を事前に採っていると考えられるからである。

　重回帰分析の結果、情報流出事故の報道（日系４紙による報道）を受けて、事前開示企業、事前非開示企業とも株価は下落したものの、事前開示企業は報道後７日目には株価を回復しているのに対し、事前非開示企業は15日が経過しても株価を回復できなかった。このような両者の異なる株価の推移について、投資家はリスク情報を事前に開示している企業に対して当該リスクの管理体制がしっかりしていると判断し、リスクが顕在化しても事後対応が適切かつ迅速に行われると期待した可能性があると指摘している。

重大危機に際して企業の対応がいかに株主価値（株価）に影響を与えるかを研究したもの（Knight & Pretty 1996, 2002, 2005）がある。株価への影響で見ると、2つのグループに明確に分類にされた。それは、回復企業と非回復企業である。重大危機発生後の株価は、回復企業は5％、非回復企業は11％の下落であった。ところが50日後の取引日の株価は、回復企業は5％の上昇であったにもかかわらず、非回復企業では11％の下落であった。

　株価は将来の収入（利益）の現在価値を反映して変動する。回復社と非回復社の違いは、直接的な財務的損失の結果よりも経営陣（特に最高経営責任者）が災害にいかに対応したかにかかっているという分析結果であった。また、企業の評判は株価の主要な駆動力であり、経営陣の危機への取り組み能力はシグナリング効果があり、将来のキャッシュフローを予測する投資家に影響を与えていた。1年後（取引260日後）には、回復社と非回復社では株価に25％の違いが生じていたのである。

出典：　Kim Hyonok（2007）「リスク情報の事前開示が投資家の意思決定に与える影響─情報流出リスクの顕在化ケースを用いて」『一橋商学論叢』Vol.2 No.2 pp.102-113より抜粋

4

リスク・ファイナンス

セキュリティ対策費

　安全を確保するためのセキュリティ対策費に、会社の経常予算のうちどれくらいの金額を費やせばよいのだろうか。ちなみに、GDPに占める国家防衛費の比率において、日本は約1％、米国は約4％を支出している。企業の場合、業種によってあるいは、海外に展開する規模、地域・国が大きく異なっていることから、明確な基準というものは存在しない。

　しかしながら、場当たり的にセキュリティ対策費を掛けるのではなく、今後の日系企業の動向を踏まえるならば、長期的な視点であらかじめ独立した危機管理予算なるものを設定しておくことが重要となる。

　実務的には、危機管理に関わる経費項目にセキュリティ関連のサブコードを付けるなどして危機管理に関する予算および支出の分野別、総支出額が事後的にも把握できる仕組みを導入することを提言したい。そうすることによって、危機管理対策のどの部分（例えば、監視カメラ設置費用、警備員雇用費用、情報収集・コンサルティング費など）に、どのタイミングで支出しているのかが把握できるようになる。実際、過去5年、10年の累積投資額を検証することによって、その費用対効果を検証することが可能となり、技術・ノウハウの変化をも取り込むことができるようになる。それは前述した通り、役員としての善管注意義務、安全配慮義務を履行する上でのひとつの指標とも考えられる。

一般的に日本において、このようなセキュリティ対策費は企業の中では「コスト・センター」（費用だけが集計され、収益を生まない部門）と思われがちだが、実はプロフィット・センター（収益を生む部門）であることを忘れてはならない。現地の治安情勢を十分に理解し、どのような対策が必要かを明確にしてはじめて操業拠点や駐在員の派遣などの経営的な部分を詰めることができるようになるのであって、セキュリティ対策費というものは利益（profit）を産出するための原点とも言える。

　今後、その企業規模を問わず、日系企業が生き残っていくためには海外展開を加速させ、その厳しい競争原理の中で勝ち残っていかなければならず、国内市場にだけ依存していては成功を勝ち取れない。上記のように、今日、日系企業の進出先は、北米や東アジア、東南アジアが多いが、今後は南アジアや中東、アフリカ地域など西への開拓が進むと予想される。日本から遠く、あまり馴染みのない地域、国へ展開するためには、事前にその国の治安情勢について十分に把握しておく必要があり、セキュリティ対策なしには十分な利益を上げることはできないだろう。

リスク・ファイナンス

　次に、実際に事件や事故が発生した時に必要となる経費の調達に関するリスク・ファイナンスについて触れておきたい。リスク・ファイナンスの目的は、その損失の填補によりバランスシートの健全性を保持し、企業価値の維持、拡大を達成することである[13]。損失が発生すると、バランスシート上で利益剰余金が減り、それでも足りなければ資本準備金、資本金へと対象範囲が広がっていく。使途を限定しない資金調達手段としては銀行のコミットメントライン契約がある。事故・事件性のリスク・ファイナンスのヘッジ手段としては一般的に損害保険が利用されて

いる。保険は、貸借対照表に記載されないオフバランスの資産とも言える。

　海外での事故・事件の場合、保険金の支払いはもとより、事故発生時における現地対応を保険会社の持つノウハウやグローバルネットワークに期待する面もあると思われる。テロ・誘拐事件による人的被害に関しては、海外傷害保険（ケガの治療費、死亡・後遺障害、救援者費用、他）、工場・事務所など物的被害に関しては、火災保険がある。ただし、戦争、内戦、内乱状態まで治安状況がエスカレートした場合は、特約条項がない限り約款上、免責となる。詳しくは、保険会社に確認されたい。

　また、誘拐事件、殺傷または拉致する旨の脅迫行為、施設や財物の破壊・毀損・汚損等の脅迫行為、不当監禁、ハイジャックが発生した場合に、事件の解決に向けてプロの危機管理コンサルタントを雇う費用等を保障対象にした「海外安全保障プログラム」も開発されている。支払われる保険金の種類は、「危機管理コンサルタント費用」、「広報戦略コンサルタント費用」、事件の拡大防止または軽減を目的とした「ガードマン等費用」、安全配慮義務を巡って被害者またはその法定相続人から提訴された場合の「応訴費用」である。リスク・ファイナンスの一環として検討することも一考であろう。

13　甲斐・加藤（2004）p.17

平時のチェックリスト ☑

- ☐ 海外リスクを所管する部門（または担当者）はあるか？
- ☐ 危機管理マニュアルは作成しているか？
- ☐ 担当者は危機管理に関する知見・経験を十分に持っているか？
- ☐ 対策本部長、次席以降の席順名簿はアップデートされているか？
- ☐ 海外赴任者に対して事前研修を行っているか？
- ☐ 家族は研修対象となっているか？
- ☐ 3年以内にシミュレーション訓練を行っているか？
- ☐ 常日頃から海外赴任者の安全に関する情報収集を行っているか？
- ☐ 万一の場合、助言を求められる人あるいは組織はあるか？
- ☐ 緊急事態対応費用について見積もったことはあるか？
- ☐ 取締役会に対して海外リスクに関する報告を年1回以上行っているか？
- ☐ 緊急報告が誤報であったとしても許される企業文化を醸成しているか？
- ☐ 緊急時にウェブサイトにアップする基本的コンテンツを準備しているか？

第2章
危機発生時の対応

犯人と受難者の奥様との会話、現地語通訳を介して

「奥様、名前を名乗らない男からの電話です」
「(現地語) ＆％÷＃＊＋＆％÷＃ Watanabe ＆％＃＊＋＆％＃」
「『ミスター渡辺を誘拐した。家族を出せ』と、言っています」
「渡辺の家内です。主人は無事ですか？」
「％＆ Watanabe ＊＋＆％÷＃＆％＃％＃＆％＊＃」
「＃％÷＃＆」
「『元気だ』と、言っています」
「本人を電話に出してください」
「＊＋＆％÷＃＆％÷ ＃％＊÷＃」
「＊＋＆％÷％」
「『ダメだ』と、言っています」
「＊＋％＃　US＄２　％＃％＃＆％＃」
「『５日以内に、200万米ドルを用意しろ』と、言っています」
「＊＋＆％÷＃＆％÷ Watanabe ＃％÷＃＆％÷＃」
「『警察や軍に通報したら、渡辺を殺す』と、言っています」
「私の旧姓を答えるように言ってください」
「＊＋＆％÷＃＆％÷ ＃％÷＃＆％÷＃」
「÷＃＆％÷ ＃％÷＃＆　……％÷＃＆ Ta-na-ka ％÷＃」
「(生きているわ!!)
「＊＋＆％÷ US＄２ ＃％÷＋＆％÷」
「『また、連絡する。200万ドルだぞ』と、言って電話を切りました。政治的な背景はない、身代金目的の誘拐ですね。それと、ちょっと気がついたことなのですが、犯人の話し方には○○地方特有のアクセント（訛

り）があります」

　さて、危機発生時の本社および現地対策本部の対応は、以下の１から３および５であり、受難者本人にとっては生き残るための４サバイバル術が重要である。

１　**危機発生時の情報伝達と認定・初動**
２　**危機対応行動計画の発動**
３　**クライシス・コミュニケーション**
４　**誘拐時のサバイバル**
５　**人質解放後、配慮すべき事項**

　これらは危機管理マニュアルによって緊急対応行動が定められ、危機発生時、実際に行動に移すことになる。それぞれの段階における留意点を示したい。

1 危機発生時の情報伝達と認定・初動

危機発生の報告

　テロ・誘拐は駐在員の生命・健康に害を及ぼし、あるいは、会社の資産・評判に重大な損害を与える可能性がある。テロや誘拐などの事件が発生した時は、危機管理マニュアルに従い、ただちに現地は本社の担当部門に報告し、本社の担当者はトップまで情報を上げる必要がある。この時、いつも問題となるのが十分な情報がないまま、あるいは不確実な情報を本社に報告してよいのだろうかという現地の迷いである。また、本社側では報告を受けた担当者、中間管理職、あるいは担当役員が（特に時差によって深夜の場合）トップまでただちに報告を上げるべきかという問題である。

　例えば、駐在員の1人が運転手と一緒に行方不明になった場合、何らかのトラブルに巻き込まれた可能性はあるものの、犯人から連絡がない段階では誘拐と決まったわけではない。このような場合、本社への報告を逡巡することはあり得るだろう。

　こんな事例が実際にあった。社員が朝の始業時刻になっても出社しない。前夜は歓迎会があって遅くまで皆で飲んでいたので二日酔いが原因ではないかと誰もが思っていた。ところが、携帯に電話しても応答はなく、現地時間の10時（会議の時間）を過ぎても出社しない……。

　このような状況下で、あなたが現地の責任者だったらどうするだろうか？

ここで、本書を置いてしばらく考えていただきたい。

　実際にあったケースでは、同僚の駐在員が行方不明者のアパートに向かったが帰宅してないことがわかり、現地人を含めたスタッフで手分けして捜索を行ったが見つからなかった。心配していると、午後2時頃、本人が裸同然の姿でアパートに帰ってきた。話を聞いてみると、歓迎会の後、街で会った女性と飲み屋に行ったところまでは覚えているが、その後の記憶がまったくないという。「気がついた時は、街はずれの道端にいた。財布などの所持品をはじめスーツも脱がされていた」という。幸い命に別状はなかったが、保護された時、（睡眠薬で）意識は朦朧とした状態だったところから、昏睡強盗に遭ったと判断された。

　「何でもただちに本社に報告せよ」と危機管理マニュアルに記載するのはたやすいが、現実はそう簡単ではない。どこまで探して発見できなかったら本社に報告すべきであろうか。本件のようなケースでは、本人の将来、名誉の問題も絡む。しかしながら、危機発生時には、迅速な初期対応がその後の成否を左右する。本件の場合は、アパートに帰宅していないことがわかった時点で本社に報告して指示を仰ぐべきであろう。

　現地の治安に関するものであれば、他の駐在員（帯同家族を含む）の安全確保を早急に行う必要があるかもしれない。いずれにせよ、普段から被害に遭う可能性が低くなるように社員に教育を行い、管理職のリスク感性を磨く必要がある。

　また、現地からの報告内容に仮に間違いがあっても、あるいは勇み足であっても、人事上不利な扱いをしないという企業文化が大切であることは言うまでもない。確実な情報でないと通報できないようでは初動が遅れ、被害が拡大することもある。初動の大切さを肝に銘じていただきたい。

第2章　危機発生時の対応　75

現地からの第一報

　現地からの第一報は、不完全な情報であってもスピードが優先される。例えば、「社員の○○さんが行方不明」との一報を受けた時、「ちょっとどこかに行っただけだろう」とか「すぐに帰ってくるさ」などと軽く受け流してはならない。行方不明との報告には「誘拐されたかもしれない」、「テロに巻き込まれたかもしれない」と、重大な結果を予測して対応する必要がある。危機発生の情報を受信した本社担当者は、報告者に状況に変化があり次第報告するように促し、情報はわかる範囲で簡潔（５Ｗ１Ｈ）に整理して上司にただちに報告する。わかる範囲という意味は、危機発生時においてはすべての情報を把握できないことは珍しくはない。５Ｗ１Ｈの一部が欠けていても迅速さを優先したい。

　第一報は昼夜を問わず経営トップまで届くように、常に通信手段を確保しておかなければならない。本社担当者、中間管理職、担当役員、経営トップという階層を考えるとトップまで４層となる。情報の伝達過程において、いわゆる伝言ゲームによる情報の変質や情報の不伝達が起きる可能性もある。担当者から経営トップまでのショートカットする規則も検討に値する。

　報告には常に錯誤があり得る。結果的に誤報であったとしても、決して報告した者を責めてはならない。そのような企業風土だと、事件の初動対応が遅れることになるからである。

　テロなどで現地の治安が悪化している場合には、被害者の家族、その他の駐在員にまで被害が広がる可能性がある。ケースによっては、現地における外出禁止や警備員の手配などの緊急対策を講ずる必要もあろう。

　なお、通信手段に関しては、首都など大都市に駐在している場合は固

定電話、携帯電話、メール、ファックスなど複数の通信手段が使えるだろうが、プラントなど僻地で仕事をしている場合は、これらの連絡手段がすべて遮断されて使えないという事態も考えられる。そのような時に威力を発揮するのが衛星電話である。衛星電話は通話料金も高いので設置されていても使われていないケースも多いというが、普段から定期的に使用（訓練）していないために、いざという時に使えないようでは意味がない。駐在員の交代時の引き継ぎ事項とすべきである。

家族の協力

　現地からの第一報を素早くするためには、駐在員家族の協力が欠かせない。交通事故や近隣での強盗事件、侵入事件等の発生を含め、異常事態の発生を一番先に知るのは家族であることが多いからだ。

　特に誘拐事件に関しては、犯人からの最初の連絡は、電話であれ、他の方法であれ、駐在社員と同居している家族宛てに来ることが多い。

　初動の対応を素早くとるためには、緊急事態の発生が一早く本社に連絡されなければならない。それには、家族にも、社員と同様に「緊急事案・不審事案の発生を知った時にはいち早く会社に連絡すること」を徹底されたいのである。

　そのためには、赴任前に家族研修を実施されることをお勧めする。研修の中で、赴任家族（配偶者等）が、交通事故、近隣での噂を含め、「異常事態・不審情報を知った場合は、いち早く会社に連絡すること」を理解してもらうことである。

危機発生の認定と初動

　危機管理で重要なことは、危機の発生を認識したら迅速、かつ適切に「初動」対応を取ることである。危機発生の認定に際しては、「何人かと相談することはあるにしろ、基本的には1人の人間が判断し決定することになる。決定の役割はトップにある」[14]。トップの意思決定に資するように各種危機の定義は危機管理マニュアルに規定しておく必要がある。

　危機発生が認定されれば、危機管理マニュアルに基づき対策本部を設置する。危機発生の認定は、組織として平時体制から緊急事態体制への移行を意味する。

　危機に対応する現場には、大事な心得がある。「大きく受けて、小さくまとめろ」という心得である。これは報告された事案を過少に見積もり、不十分な体制で経営資源を逐次投入することによって、対応が後手に回ると良くない結果となることが多いからである。

　「危機発生の第一報」を受けた時は、最悪の事態を想定して、初動の対策をとられたい。したがって、危機の発生が確認できた時点で、危機管理マニュアルに規定されているフルサイズで対応し、状況の変化に応じて体制を拡大・縮小することが望ましい。

14　宮林（2005）p.42

column 6

Proof of Life

　人質交渉人を描いた「Proof of Life」(邦題も、プルーフ・オブ・ライフ)という映画をご覧になったことはあるだろうか？　誘拐されたアメリカ人ダム建設技師の安否を気遣う妻役をメグ・ライアン、交渉人役をラッセル・クロウが演じている。タイトルを直訳すると「生存証明」である（救出する側からすると人質の安否が最優先なので、本稿では「安否確認」と表記した）。

　誘拐する犯人グループの動機、貧困とイデオロギー、ゲリラ組織に加わる若者・少年とその生活、人質はどういう扱いを受けるのか、人質生活、どのような心理的状態になるのか、信仰心。そして、受難者の家族、事件に群がるハイエナ、勤務先企業の対応、大使館の存在、地元警察に関する不信感、人質交渉における駆け引き、危機管理コンサルタント会社とそこで働く人々のプロフィール……平均的な日本人にとってはショッキングであり、考えさせられるところのある作品かもしれない。

　誘拐事件に当惑する若妻は、プロの交渉人の冷静な判断と行動に信頼を寄せ、次第に落ち着きを取り戻すようになる。しかしながら、交渉は決裂……。

　若妻のために無報酬（より正確には現地までの航空券も自腹）にもかかわらず、命を懸けて人質奪還に挑むストーリー（失敗すれば死あるのみ、成功しても彼女のもとに夫を連れ戻すだけ）には不自然さを禁じ得ないが、海外危機管理担当者にはぜひ観ていただきたい作品である。

2 危機対応行動計画の発動

対策本部の設置

　対策本部の機能は、①司令塔機能、②情報収集機能、③渉外機能、④戦略企画機能、⑤実行機能、⑥クライシス・コミュニケーション機能である。

　テロや誘拐の場合、人命が関わる重大事件なので、対策本部長には経営トップが就任することが望ましい。危機管理マニュアルに規定されている実務担当責任者（事務局長）が本部スタッフを招集する。具体的には、（組織形態によるが）海外事業部、人事部（労働組合対策を含む）、総務（ロジスティクス全般）、情報システム（通信関連）、広報（IR、メディア）、財務（資金調達、経費精算、保険）、法務、産業医（健康管理）などが必要である。これらのスタッフは対策本部長の意思決定を支援する参謀として機能する。

　対策本部長をはじめとして招集されるスタッフは、他に仕事があっても危機管理対応を最優先することは言うまでもない。

　万一、該当する人が出張や休暇などでただちに招集に応じられない場合は、あらかじめ危機管理マニュアルに規定されている代行順位に従い次席の人が代理で参加し、スムーズに引き継げるように対応する。

対策本部の設置場所

　危機発生時には、危機管理マニュアルで予定されている、対策本部スタッフのみが入室できる入退管理システムのあるスペースに対策本部を設置する。

　少なくとも、関係者以外の立ち入りを制限する措置を取る必要がある。対策本部は一般的には本社内に設置されるが、可能であれば別の建物、同一の場合は現業のフロアとは別の階に設置することが望ましい。

　なぜなら、テロや誘拐事件では被害者の生命が関わってくる。メディアは取材のために誰彼構わず取材を試みることがある。彼らが、できれば事態をよく知る対策本部員に直接取材したいと思うのは当然だ。対策本部への出入り管理が十分なされていない場合は、入って来ることも考えられる。また、対策本部室の前で待機し、出入りする社員がインタビューを受けることも危惧される。本部スタッフ以外の社員がインタビューを受けて、憶測を含めた不正確な、あるいは間違った情報が流れて誤解や混乱を引き起こす可能性が生じるからである。

　なお、対策本部の設置場所には十分なコンセント数が確保できる場所を選定しておく。できればWar Room（作戦会議室）も設けたい。War Roomは対策本部スタッフでも限られた会社幹部のみが入室できる部屋で、誘拐の場合は身代金の金額や解放条件など厳秘の情報が話し合われ意思決定が行われる場となる。

対策本部のインフラ整備

　対策本部にはどのような資機材が必要であろうか。固定電話は４回線

以上引き、内2回線は入り専用、2回線は出し専用として使う。出し専用回線は受信で掛けられなくなることがないように、外部には電話番号を知らせない。その他の通信手段としては、携帯電話（スマホ）、衛星電話があれば活用する。小型無線機も一斉連絡用としては便利である。

　また、インターネットやスカイプが使えるようにPC、ファックス、LANケーブルも設置する。これらのケーブルはあらかじめ配線しておくことをお勧めする。なお、情報漏えい、不正アクセス防止の観点から、普段はサーバー等との接続は「断」にしておき、対策本部設置時にすぐ接続できるようにしておくことも必要だ。

　また、PCと繋ぐコピー機あるいはプリンターは情報が漏れないようにオフラインで用意する。情報が持ち出されないようにUSBは使えないようにする。

　会議や書類の整理ができるワークスペース（長テーブル等）、情報を整理して掲示するホワイトボード、報道番組を確認できるテレビ、プロジェクター・スクリーン、現地地図、さらに、忘れてはならないのは、外務省や現地の日本大使館、現地警察などの電話番号を含めた緊急連絡先リストである。事務用品も一式を用意する。

　長時間、緊張した対応をする場所である。十分な飲料水や甘味料の準備もされたい。小型冷蔵庫、電子レンジも用意したい。多くの機器を使用するので、十分な数のコンセントがある部屋が好ましい。社内の什器備品で間に合うものは社内で移動し、必要に応じてレンタル・リースを活用する。

　泊まり込みを想定して、交代で休める仮眠ベッドを備えた部屋も用意したほうが良いであろう。さらに、状況の推移によっては、何日も帰宅できないこともあり得る。近隣のホテルを予約することも検討に値する。

リーダーシップ

　対策本部における指揮命令権限は本部長に集中させることが大切である。これが徹底されず複数の部署、役員から指示が出されると現場は混乱することになる。危機管理組織のトップ（本部長）は強力なリーダーシップを発揮して危機に立ち向かわなければならない。本部長が優柔不断であったり、責任回避するような言動があるようだと対策本部のメンバーは敏感に感じ取る。対策本部を率いる本部長は、十分な情報がない中で判断を下さなければならない。義務感と責任感、それらを支える胆力が求められる。

　白井邦芳氏はその著書『ケーススタディ　企業の危機管理コンサルティング』（中央経済社）の中で危機管理組織トップの心構えとして以下の「4戒」を挙げている。

①難事に直面して恐れるな！　→　怖れは人を委縮させる！

②驚きを顔に出すな！　→　トップが動揺すれば他の役員や社員まで伝染する！

③部下を信頼して疑うな！　→　疑い出せばきりがなくチームは崩壊する！

④一度判断した指針を疑うな！　→　迷いは大きくなり、訂正報道を繰り返す！[15]

　対策本部長は会社の意思決定権者である。状況判断と意思決定に集中できるように、自ら作業することは最小限に留めてスタッフを適切に使うことを考えるべきである。個別の作業に従事すると全体が見えなくなり、適切な判断ができなくなる恐れがあるからである。

　リーダーが行う意思決定は、テロや誘拐事件では人命が最優先である

ことは議論の余地がない。一方、テロや誘拐犯グループに安易に妥協して脅迫、身代金を支払いに応じると、事件の再発要因ともなりかねない。毅然たる姿勢を保ちつつ、現地の軍・警察の動き、犯人グループとの交渉の進展具合を踏まえて、現実的な意思決定が求められる局面である。危機管理コンサルタント会社の知見も視野に入れたい。

現地への人材派遣

　誘拐やテロが発生した場合、不慣れな現地スタッフだけでは十分な危機対応ができないことから、本社からスタッフを派遣することになる。
　現地に派遣される人の役割は２種類ある。
　まずは受難者が担当していた業務そのものをバックアップする要員である。受難者が現地の幹部クラスの場合は、相当する人材で健康状態が良好で協調性があり、現地語に堪能なことが選任要件である。
　一方、現地対策本部要員、あるいはそのサポート要員として派遣される場合もある。この場合は、現地の対策本部をよく知る人で、社内コミュニケーション上は本社の管理職（部長・課長）クラスが好ましい。

情報管理の基本

　対策本部の最も重要な役割は情報の一元管理である。情報管理は、①情報の集約・記録、②情報の分類、③情報の共有、④情報の開示を含む一連の行動である。以下説明を行う。

情報の集約・記録

　情報は、現地、外務省（政府）、国内・海外メディアなど多方からもたらされるが、対策本部で一元管理する必要がある。

　情報を受信した者は、情報管理シート（**図4**はフォーマット例に、情報提供者の所属、名前、連絡先、受信者名、受信日時（時刻は24時間表記）、情報源、確認された情報か未確認かも記載する。もたらされた情報は可能な限り5W1Hで加工することなく記載する。なお、5W1Hのうち、欠落している情報は憶測で埋めることなく、不明と記載する。そして、情報整理統括者にただちに報告し、時系列で整理する。情報整理統括者は、情報の要旨を経営トップ（対策本部長）と事務局長に報告する責務を担っている。

　一方、情報を報告する現地側も報告内容の記録を取っておく必要がある。これは後日検証する時に「言った、言わない」といった無用の軋轢を防ぐうえでも大切である。記録する時間がない場合は、ICレコーダーに録音するのも一手法であろう。

情報の分類

　収集した情報は、確認、認知、開示の視点で仕分け（分類）を行う。**表5**[16]を参照されたい。①は情報の確認ができていて、開示する情報、②は確認できているが、開示しない情報、③は認知しているが、確認できていない情報、④は認知し得ない情報である。情報開示において陥りやすいミスは、情報開示しない②から④のケースで、「知らない」「わからない」と言ってしまうことである。

図4 情報管理シート（フォーマット例）

「　　　　　　　　」情報管理シート		No.___
情報提供者 　所属、名前 　連絡先	受信者名	
	日時 24時間表記	年　月　日 　：ㅤ
情報源		（未確認） （事実確認）
情報の内容　　注：わかる範囲で記載、情報のないものは不明と記載 　　　　□いつ、□どこで、□誰が、□何を、□なぜ、□どのように		
スタッフ使用欄		

表5

		認知	
		している	していない
確認	できている	①	②	④
	できてない	—	③	
		開示する	開示しない	

開示しない情報は、とかく「知らない」「わからない」と説明しがちであるが、開示しない明確な理由を説明する必要がある。

　そもそも、④認知していない情報及び③認知はしているが事実確認できていない情報（例えば、現地メディアの報道や噂）を開示しないのは当然であるが、②確認できていても開示しないと決めた情報については、その開示しない理由をはっきり説明して理解を求める姿勢が必要である。さもないと、何か不都合なことを隠しているのではないか、企業の対応として不誠実との印象をメディアに与える可能性があるからである。また、社外に開示しないと決めた情報は、必要最小限の役職員間で共有して情報管理を徹底する必要がある。

　アルジェリア人質事件（2013）では、対策本部は亡くなられた方の氏名については家族への取材攻勢によるストレスやプレッシャーを理由に開示しなかったが、政府は事件の重大性や国民への説明義務から公表すべきとの意見が強く、家族や遺族と対面できたタイミングで犠牲者の氏名を公表することにした[17]。政府特別機を使用するに及び（税金の投入）、対策本部も理解を示したと思われる。国民の知る権利、プライバシー保護、事件検証と再発防止を巡って議論を呼んだ事件である。

情報の共有

　収集した最新情報は、対策本部のホワイトボードに記載し、本部長以下本部スタッフで共有する。また、現地、（必要に応じて）社内の各部署にも情報を共有する。ホワイトボードの代わりにPCを活用することも一案である。

　共有すべき情報としては、①現在までに判明した事実（また、判明していない事項も含む）、②現在実施している対応策、③今後の見通し（今後求められる対応策を含む）という事項がある。なお、情報を更新する場合には、前回の情報からの変更点、次回の情報のまとめの見込みも追加することが求められる[18]。

　収集した情報は時系列でExcelなどに記録することが望ましい。収集したクライシスに関する情報は、文書の持ち出しやコピーを禁止するなど管理を徹底すべきである。

　メディアは本社対策本部スタッフ以外の役員や一般社員、現地日本人、現地社員等に取材を試みることがある。メディアからの取材に対しては、情報は対策本部で一元管理している旨丁寧に対応するように役職員に情報管理を徹底させる必要がある。

　なお、情報の内容によっては身代金の金額や解放条件など、現地政府や外務省など関連当局、被災者家族、株主等への配慮、再発防止の観点から、高度な政治的経営判断を要するものがある。これらについては対策本部の長が判断し、情報の共有先を限られた経営幹部のみに制限することもあろう。

現地政府・警察への通報

　誘拐が発生した場合、ただちに現地の政府・警察に通報すべきかどうかという質問をたびたびいただくが、ケースバイケースとしか答えようがない。

　それは、事件の発生国によって、警察の状況がかなり異なるからである。日本では、誘拐事件の発生に際しては、警察は人命最優先、人質の救助を大前提とした警察活動・捜査を行う。日本の警察は、誘拐事件や人質を取っての立てこもり事件の場合は、十分な時間をかけて慎重に人質を救出するだろう。

　しかしながら、国によっては、警察は「犯人逮捕第一」の大方針で、「逮捕に勝る防犯なし」として、時には強引とも思える手法で事件の解決を図ることがある。

　身代金誘拐事件などで一番注意をしなければならないタイミングのひとつに、身代金の引き渡しの時がある。警察が一番力を入れる時である。なぜなら、犯人逮捕の絶好の機会だからである。実は、人質の命が一番危険に晒される時でもある。特に最近の誘拐事件では、お金の引き渡しと交換に人質を解放するのではなく、犯人が受け取った金を確認した後に、はじめて人質を解放するからである。警察の手が入ったとなると、拘束されている人質はどうなるかわからない。

　さらに注意が必要なのは、警察が腐敗しているケースである。そのような国では、犯人グループの中に現職の警察官が加わっている場合がある。また、警察官が対策本部などの対策情報の一部始終を犯人側に流していたことが過去にあった。

　これらの経験から、「誘拐が発生した場合、ただちに現地の政府・警

察に通報すべきかどうかは、ケースバイケースとしか答えようがない」と申し上げた次第である。

　もしも、そのような事態になったら、すぐに本社に指示を仰ぐほうがよいだろう。本社は外務省や専門コンサルタントに相談することをお勧めする。それらのアドバイスに基づいた対策をとることが重要である。海外拠点では、日頃から地元警察についての情報を入手しておくことも必要である。

　さて、かかる状況があるとしても、いつまでも誘拐の事実を秘匿することはできないし、それは事件終了後、現地当局との信頼関係に悪影響を残す可能性がある。なぜなら、ほとんどの国が法治国家であり、その国で事業活動を展開している日本企業が、犯罪のあることを知りながら、その国の警察に犯罪の発生を知らせもせず、犯人とやり取りをして警察には口をつぐんでおくようなことは許されないからである。いずれ現地の国や国民から総スカンを食うことになる。

　通報、受難者保護の協力依頼のタイミングは最も難しい意思決定のひとつである。前述した状況を総合的に判断することになる。

情報の開示

　後述する「クライシス・コミュニケーション」を参照されたい。

犯人との接触

　身代金目的の誘拐の場合、犯人（グループ）から身代金等の要求がある。犯人との交渉には、映画のシーンに出て来るようなプロの交渉人が登場するイメージがあるかもしれないが、現地従業員の中から信頼でき

る人をコミュニケーターとして指名することが多い[19]。これは現地語の堪能さやその地における文化・行動様式及び企業の理解という課題があるからである。コミュニケーターの選任には、信頼できる、現地語が堪能、健康状態が良好、会社と被害者のことをよく知っていること、指示を守れること等が条件となる。選ばれたコミュニケーターには誘拐に関するコミュニケーション・トレーニングを施し、連絡・交渉法の指導を行う。これは誘拐事件に精通しているプロのコンサルタントの仕事である。コミュニケーターは対策本部の指示に従い犯人と連絡をとるが、物事を判断する権限はない。それだけにコミュニケーターは、対策本部の方針・指示に従える人物であることが重要な要件となる。

犯人とのコミュニケーションの機会には安否確認（Proof of Life）を試みる必要がある。安否確認は被害者本人にしか答えられない質問をすることによって行われる。安否確認のコミュニケーションには次のようなメリットがある。

①被害者本人にしかわからない質問をすることによって、本人が生存していればそれを確認することができる。答えられないようであれば、すでに死亡しているか、瀕死の重傷を負っている可能性がある。

②安否確認のやり取りを通して、拘束されている被害者は救援体制が整ったことを知り、生きる望みを失わないようになる。長くなるかもしれない拘束生活において勇気づけとなる。

③誘拐事件の発生が報道されると、身代金奪取を目的とした似非犯人から連絡が入ることがある。真犯人と似非犯人を区別する効果がある。

さて、次のページをご覧いただきたい。これはフィリピンで、実際に送られてきた手紙のコピーである。現地語で書かれている。あなたが海外危機管理の担当者であるなら、どう対応すべきであろうか？

誘拐事件の犯人からの手紙

犯行組織のマーク

宛名

Magtanggol Roque Command
Front 51 Operations Command
Southern Mindanao Region
New Peoples Army

Mapulang rebolusyonaryong pagbati!

Ang nagkasamot ug padayong krisis sa ekonomiya ug pulitika ilalum sa Rehimeng Arroyo nagapahimutang lamang sa rebolusyonaryong kalihukan diha sa paglunsad sa rebolusyonaryong kausaban.

ang padayong pagdaghan sa CPP-NPA-NDF ilalum sa nagkalapad nga baseng masa sa kapupud-an usa ka kamatuoran nga ang katawhang Pilipino mainitong midawat ug misuporta sa rebolusyonaryong tinguha alang sa pagtukod sa usa ka maki-angayon, maling kawasnon ug malinawong katilingbang Pilipinhon.

Sa Disyembre 26, 2007 ang CPP magasaulog sa iyang ika-39 ka tuig nga anibersaryo. Ang kadaugan diha sa nagkalain-laing natad sa pakigbisog dili magmalampuson kon wala ang determinasyon sa mga kadre ug suporta sa katawhan ug sa mga alyado.

Ang Partido padayong midawat sa suporta gikan sa matuod nga rebolusyonaryong katawhan, ug sa iyang kasundaluhan - NPA. Among tim-os ug tiunay nga pagpasalamat ngadto sa tanan diha sa pag-asdang sa katawhan alang sa matuod nga kalingkawasan.

Diha sa atong pad-asdang ug pagpakaylab sa bandilang pula, nagahangyo kami sa inyong suportang pinansyal sa kantidad nga ▮▮▮ ingon nga inyong kontribusyong sa rebolusyon. Among ginaila ang inyong suporta uban sa dakung pagpasalamat.

MABUHAY ANG REBOLUSYON!

MABUHAY ANG PARTIDO KOMUNISTA SA PILIPINAS!

Alang sa Partido,

BENJAMIN FERMIZA
Tigpamaba

脅迫状が届いた場合は、まずはその真偽を確認する必要がある。これは、フィリピン共産党の軍事組織であるNPA（新人民軍）から届いた本物の脅迫状である。本書掲載に当たり、差し障りのある部分は消してあるが、現政権を批判して革命税の支払いを要求している。脅迫状にはテロ組織、ゲリラ組織、政治団体などによって組織のシンボルマーク（ロゴ）、文章の構成、文体・署名、要求内容、要求金額など特徴がある。その評価・分析は多くの分析・対応経験のある専門の危機管理コンサルタント会社に依頼することをお勧めする。

事件の解決に向けて

　現地にスタッフを派遣する場合は、危機管理の訓練を受けた者で、可能であれば現地に駐在経験のある者が好ましい。

　誘拐事件の場合、損害保険会社の「海外安全保障プログラム」に加入しているのであればただちに保険会社に報告されたい。保険会社から危機管理コンサルタント会社が紹介された場合は、その専門会社と協議して事件解決に向けて犯人との交渉、意思決定をすることになる。

　テロ事件では、被害者が負傷している場合は、現地の医療水準によっては治療のため緊急搬送を行う必要がある。死亡した場合は、日本への遺体搬送はもとより、留守宅家族の現地への渡航を手配する必要も出てくる。海外旅行傷害保険（特約付帯）に加入している場合は、保険会社から保険金の支払いだけでなく各種の支援を得られるだろう。それだけにグローバルなネットワークと経験を有する保険会社を選びたい。詳しくは保険会社に確認されたい。

家族対策

　対策本部の任務の中で、大事なことのひとつに被害者の家族のケア（家族対策）がある。受難者のことを一番心配しているのは家族である。また事件の解決に向けて重要な役割を果たすのも家族である。対策本部は、必ず家族担当者を決めてできるだけ頻繁に、緊密に連絡を取ることが求められる。

　会社から受難者の家族にお願いすることは、「会社は救出第一に全力を挙げますので、会社を信じて会社に協力していただきたい。会社に求めることがあったら何でも、遠慮なくすぐに話してください」と言うことである。

　特に次のことに注意されたい。
①事件については、誰にも言わないこと
②特にマスコミなどからアプローチのあった場合は、「会社に聞いてください」と返事をして、すぐに、そのことを会社に連絡すること
③会社も事件の推移をすべて報告すること

　ある会社での出来事であるが、家族との意思疎通を怠ったため、受難者の奥さんや家族から、「知っている政府要人に連絡する」、「現地の警察の上部を知っているので捜査を依頼する」などと詰め寄られたことがある。また、「次回からの対策本部の会議に出席する」と要求されたこともある。家族は現地にいる場合と日本国内に残っている場合がある。いずれの場合も、1人の責任者と代理人を定め、頻繁に連絡することが重要である。

対策本部スタッフの健康管理

　テロや誘拐事件に慣れているビジネスパーソンはおそらくいないだろう。不確実な情報、各種メディアからの取材攻勢、外務省等関係当局との連携、留守宅家族への配慮、労働組合対策、記者会見、そして迫られる意思決定……など極度の緊張から疲弊し、事件の発生地によっては時差により昼夜が逆転することから、睡眠不足が追い打ちを掛ける。対策本部長をはじめとした対策本部スタッフは、精神的・体力的にも極限に達する場合がある。対策本部のメンバーに産業医を入れているのは、対策スタッフの健康管理が重要だからである。

15　白井（2006）p.132
16　情報の分類は、2014年6月17日に（株）オオコシ セキュリティ コンサルタンツが主催した「海外危機管理　実践力養成講座」における黒田明彦氏の「海外進出企業の危機発生時の広報対応」を基に筆者が作成
17　朝日新聞 2014年1月25日
18　竹内、他（2014）p.134-135
19　コミュニケーターは、現地従業員を優先したいが、適任者がいない場合は、現地の弁護士、宗教家、部族長などが候補者となる

column 7

米国政府の方針転換──家族による身代金支払いを容認へ

　オバマ米大統領は2015年6月24日、国外でテロ組織や誘拐組織などに誘拐された米国人の解放のため、その家族等が誘拐犯に身代金を支払っても訴追せず、これを容認する方針を発表した。政府は2001年9月のニューヨーク市での9.11同時多発テロ以降、「被害者家族がテロ組織等と直接交渉し身代金を支払うと訴追する」としていたが、昨年、シリアでIS（イスラム国）に誘拐された米国人人質の親族が、米国政府に身代金を準備することを制止されたことを発端として方針を転換することに至った。

　また、新たな方針では、政府関係者も誘拐犯と交渉することも認めている。オバマ大統領は、関係国や米関係省庁などとの調整に当たる大統領特使を任命できるほか、米連邦捜査局（FBI）に関係省庁を加えた人質解放のための専門チームを設置できることも明らかにした。

　一方、米国政府としては人質解放のためテロ組織に身代金を支払わない方針を堅持するとしている。9.11同時多発テロ以降、人質として拘束された人数は80人を超えており、2015年6月現在、30人以上が外国の麻薬組織や犯罪組織のほか、中東のテロ組織に拘束されている。

3 クライシス・コミュニケーション

ステークホルダーの存在

　危機発生時における企業の広報対応がクライシス・コミュニケーションである。企業は社会的存在であることから、企業を取り巻くステークホルダーとのコミュニケーションは責務であり、その対応がまずいと誤解を受け、非難され、企業にダメージを与えることになりかねない。

　コミュニケーションの対象となるステークホルダーは、テロや誘拐の場合、受難者（被害者）の留守宅家族・親族、従業員（労働組合を含む）、現地社員、メディア、取引先、顧客、政府・関連官庁、在外公館（大使館・領事館）、現地政府（外務省）、現地の軍・警察、業界団体、株主、メインバンク、投資家、就職希望者、OB・OGなど多岐にわたる。上場企業であれば、証券アナリストと一般株主も対象となってくる（図5参照）。情報の開示は、記者会見であれ、ホームページへの掲載であれ、被害者の親族、同僚をはじめとして取引先、その他多くの一般聴衆がその情報を受け取る。情報の受け取り手の感情や反応を十分に配慮した情報開示を心掛けたい。

　しかしながら、すべてのステークホルダーに万遍なく対応すると焦点がボケ、コミュニケーションの有効性が損なわれる可能性がある。人的な被害がある場合とそうでない場合、上場企業と非上場企業では状況が異なる。押さえるべき対象をランクづけすることも検討されたい。

　多くの経営者がクライシス・コミュニケーションの理解に苦労してい

図5　ステークホルダー

(図：中心「誘拐・テロ事件の発生」、周囲に「家族・親族」「メディア」「就職希望者」「顧客」「取引先」「日本政府」「在外公館」「現地の軍・警察」「現地社員」「現地政府」「銀行」「株主」「社員」)

る。その主因は、危機が突然に訪れ、制御不能に見える状況が目まぐるしく変化し、事態が複雑化するという背景がある。経営者は過度な圧力が加わると、パニックや過ちを導く行動、不合理な反応を起こしやすくなる。さらに火を注ぐのがメディアの攻勢であり、閉塞感の中、短期的な視野、単眼的な視点にシフトした意思決定を招きかねない[20]。本稿では、メディアおよび留守宅家族（親族）とのコミュニケーションを中心に述べる。

スポークスパーソンの選任

　メディアとのコミュニケーションは一元化して、専任のスポークスパーソンを選任すべきである。IR担当者や広報担当者がそのまま就任することが多いと思われるが、非常事態におけるメディア対応は平時とは

第2章　危機発生時の対応　99

異なり大変なストレスが掛かる。その任に耐え得るタフな人物を起用すべきである。

また、信頼感や高潔な印象が感じられるかどうかもポイントとなる[21]。

事件発生から48時間以内のコミュニケーション

　事件の発生を確認したら、発生から48時間、そして72時間以内の初期対応が極めて重要となる。断片的に入ってくる情報を一つひとつ確認して繋ぎ合わせ、社内の関連部署と連絡を図り、被災者家族をはじめとする社外の必要な組織（外務省、危機管理コンサルタント等）とコミュニケーションを取り、前述したステークホルダーに対して、何が起きたのか、確認できた被害の状況、どのような対策を取りつつあるのか、最新の情報を定期的に伝えるべきである。仮に入ってくる情報に進捗がなくても、ウェブサイトの更新やメディアへの情報開示は行うべきである。なぜなら「事件の調査は行われており、メディアの向こうにいるステークホルダーを忘れている訳ではない」というメッセージを伝えることができるからである。

　そして、良好な関係がメディアと維持できていれば、メディアは好意的に解釈して報道してくれる可能性が高くなる。メディアから投げかけられる質問や懸念についてはステークホルダーから「共感」を得られるように配慮して可能な限り準備する必要がある。想定される質問については後述する。

メディアの取材先（情報源）

　メディアは本社の対策本部以外にも、本部スタッフ以外の役職員、現

地の対策本部、駐在員(現地日本人)、現地採用の社員、被害者宅のメイドやドライバー、現地駐在経験のあるOB、外務省、現地政府、現地の軍・警察、現地メディア、場合によっては片っ端から現地の病院に担ぎ込まれたケガ人について電話取材を試みる場合がある。

また、日本にいる家族はもとより、いろいろな伝手を使って遠い親戚にも接触することもある。対策本部としては情報一元化のために情報を収集するとともに、メディアからの取材範囲を予測して先手を取って対応する必要がある。

想定されるメディアからの質問

初動時にメディアから対外発表を求められることがあるが、事実関係がある程度確認できた段階でできるだけ早く行うことが望ましい。発表内容は、事実確認できていることに限り、事実確認が取れていないことについて質問を受けた場合は、憶測で話すことなく調査中であるので待って欲しい旨、回答すべきである。一度、誤った発表をすると、取り消しや訂正は困難であり、メディアの信頼を失う可能性がある。なお、取材拒否は何か隠し事があるのではないかという印象をメディアに与えかねないので厳に慎むべきである。

メディアから聞かれる質問は以下の①〜⑩が想定される。質問者の基本的なスタンスは①〜⑤が事実の確認、⑥〜⑩は追及・批判である。

事実確認：①事実確認、②原因、③危険性、④対応・対策、⑤今後の見通し

追及・批判：⑥責任、⑦補償、⑧未然防止、⑨再発防止、⑩トップの所在[22]

①事実確認

例：「何が起きているのか？」「どうなっているのか？」

事件に関する情報が次々ともたらされ状況が次第に明らかになってくるが、確認できた情報を発表する。繰り返しになるが、未確認情報を発表して後で事実と異なっていることが判明した場合は、結果的に嘘になってしまう。メディアから嘘とみなされ誤解あるいは悪意のある報道がなされた場合、そのダメージは計り知れない。

②原因

例：「なぜこんなことが起きたのか？」

本格的な事件の原因究明は、事件が終息した段階で行われるが、テロや誘拐事件の場合は、赴任前研修の有無、赴任地での通勤・生活習慣、警備体制、現地人を採用する際の調査状況、現地治安情報の収集状況と情報伝達などが問題となる。これらは⑥責任問題へと繋がる。

③危険性

例：「今後心配されることは？」

事件による被害の程度と広がり。

④対応・対策

例：「今後の対応は？」

検討されている方向性あるいは取られつつある対応策で被害の最少化、被害の拡大阻止。

⑤今後の見通し

例：「身代金を支払うのか？」

事件の展開予想である。取材を受けている段階では情報の不足、十分な分析が行われていない場合もあるだろう。誠実な対応が求められる。

⑥責任

例：「なぜこんなことになったのか？」「誰に責任があるのか？」

事件発生に関する責任の所在であり、法律上の安全配慮義務などが問われる。

⑦**補償**

例：「会社は被害者にどのように償うのか？」

被害者（死亡の場合は遺族）に対する金銭的な補償に関する検討状況。

⑧**未然防止**

例：「会社は赴任前研修をやっていたのか？」

平時の準備体制、赴任前研修の有無、施設の安全性などが問われる。

⑨**再発防止**

例：「今後どのように改善するのか？」

再発防止策は、事件を振り返って危機管理マニュアルの改訂、赴任前研修の見直し、訓練の実施が対象となる。治安が著しく悪化している場合は、現地からの撤退も視野に入れなければならない。

⑩**トップの所在**

例：「なぜ社長は記者会見に出ないのか？」

事件発生時にトップがどこにいて、何をしていたかが追及される。例えば、休日にプライベートでゴルフに行っていたとしても事件発生の報告を受けた場合は、ただちにプレーを中止して本社に戻って対応しなければ批判を受けることになろう。また、事件対応中の生活・行動も十分に注意すべきである。

記者会見

記者会見に臨む経営トップあるいはスポークスパーソンは、会見場にいる記者だけを対象にしているものと思ってはならない。その場にいる1人の記者、ひとりのカメラマンが取材した内容は、何十万人、何百万

人のステークホルダーが記事として読み、記者会見の動画を視聴する。インターネットの普及は、誰でも、いつでも、どこでも、何回でも視聴することを可能にした。被害者の家族はもちろん、社員・OB、そして、その企業への就職を希望している学生やその親も見ている。記者の質問は社会全体からの質問であり、ステークホルダーを納得させるものでなければならない。換言すれば、記者会見には、CSRの観点で対応すべきである。

しかしながら、記者会見に臨む人、とりわけ事件発生による心労と睡眠不足で体調が万全でない経営トップが、責任追及を含む辛辣な質問を立て続けに浴びせられた時、はたして的確な対応が取れるであろうか。会見場の雰囲気に飲まれず、辛辣な質問に冷静に答えるためには、事前のメディアトレーニングが極めて有効である。

記者会見に参加するメディアの人は高い見識と職業倫理を持っている人が多いが、中には話を大衆受けするように曲解したり、揚げ足を取ったり、世間の代表として責任問題を厳しく追及することのみが自らの使命と勘違いしていると考えざるを得ない人も散見される。危機の現場では時間的余裕がないであろうが、想定される質問については、万全の準備をして記者会見に臨みたいものである。

報道協定

日本では身代金目的の誘拐や立てこもりなど人質がある事件の場合は、犯人を極力刺激しないように「報道協定」が結ばれることがあるが、国際的には極めて稀な慣習（制度）である。報道協定は法的な拘束力はないが、順守しなかった場合、記者クラブへの出入りをある期間禁止されるという制裁があるので、メディアにとっては痛いものである。一方、

海外現地では日本的な報道協定はないので、メディアに話した内容は報道されると覚悟すべきであろう。

対策本部スタッフには情報管理の重要性を徹底できたとしても、情報を知り得た本部スタッフでない幹部が（悪気はないにせよ、元部下の身を案じて、あるいはサービス精神からにせよ）マスコミに情報を流すことは厳に慎まなければならない。繰り返しになるが、情報収集と対外的発表については対策本部による一元管理を徹底しなければならない。

家族・親族とのコミュニケーション

誘拐であれテロであれ、事件の発生が確認できた時点で留守宅家族にわかっている範囲の情報をなるべく早く伝えるべきである。間違っても、家族がマスコミによる報道で事件を知るようでは家族との信頼関係が崩れてしまうことになる。一度、その信頼関係が崩れると家族はマスコミの取材攻勢に曝され、不安を訴え、会社に対する不満を口にするようになるからである。留守宅家族とのコミュニケーションは、状況の進展時はもちろんのこと、定期的にコンタクトすることによって会社が解決に向けて全力で取り組んでいる姿勢を示すことが重要である。伝える内容は、確認されている情報と未確認情報を区別し、冷静に対応するように促す。

それでは誰が家族・親族との連絡要員となるのが適切であろうか。被害者は生命の危険がある状態であることから、家族は極度の不安あるいは絶望の状態になる。なるべく被害者と親しく、できれば家族とも面識のある社員をコミュニケーターとして選任することが好ましい。

従業員、他とのコミュニケーション

　従業員とのコミュニケーションも家族・親族に準じる。メディアなど外部から事件に関する情報が先に入り、会社からの情報提供が後になるのは好ましくない。情報を受け取る従業員は、受難者の同僚であり、先輩であり、受難者にお世話になった後輩である。会社の対応如何によっては、会社は従業員を大切にしていないのではないかとの感情あるいは危機に際して脆弱な会社との印象を従業員に与えかねない。これは士気・ロイヤリティに関わる問題である。また、社外ではOB、OG、取引先などもコミュニケーションの対象となる。

　また、マスメディアの先には、顧客、ライバル会社、さらに同社に就職を志望する学生がいる。学生の進路に影響力を及ぼすであろう親も対応を見守っていることだろう。さまざまなステークホルダーを意識したコミュニケーションが必要である。

20　Argenti（2002）邦訳を筆者が要約 pp.277-278
21　宮林（2005）p.57-59
22　（株）オオコシ セキュリティ コンサルタンツ主催の研修配布資料（2014年6月17日）

4

誘拐時のサバイバル

サバイバル術

　誘拐犯がどのようにターゲットを絞り、情報を収集し誘拐を実行するか、そしてターゲットに選ばれないようにするために気をつけるべきこと、対応方法について概説した。しかしながら、誘拐犯グループは前述したようにあらゆる情報を収集して綿密に計画を立てて、成功確率の高い場所と時間を選んで実行に移すことができる。一方、守る側は四六時中ボディガードをつけて日常生活を送る訳にはいかないだろう。仮にボディガードをつけたとしても、それを上回る装備と人員で誘拐を仕掛けられたら守り切れる保証はない。そこで、万一、誘拐された場合のサバイバル（生き残り）術が重要となる。

　誘拐の目的にもよるが、身代金奪取が犯人グループの究極的な目的であれば、一般的に人質をむやみに傷つけたりはしない。なぜなら、言葉はよくないが、人質は「大切な商品」だからである。

　誘拐された際、定期的な投薬が必要な病気（例えば、狭心症や糖尿病）を患わっている場合、服薬の必要性を犯人に伝える必要がある。アレルギー症状がある場合も同様である。さもないと、体調不良を引き起こし、最悪の場合は死に至るからである。言葉の壁があるかもしれないが、携行している常備薬を示してジェスチャーを交えてでも犯人に理解させ薬を用意させなければならない。

　次に、生活全般について触れたい。出された食事はアレルギーなど特

別な制約がない限り、好き嫌いを言わず基本的にすべて食べることをお勧めする。体力がなくなってはどうにもならないからである。ただし、水質が悪いところでは、生水には注意したい。また、移動過程では、トイレが使える状況では必ず用便を済ませるようにしたい。次に行けるのがいつになるかわからないからである。

　人質生活で気をつける点はケガや病気に注意することである。監禁場所は山岳地帯やジャングルなど人里離れた所も多く、それがゲリラの本拠地だとしても医療設備が整っているとは限らない。また、医薬品の供給が不十分なことも考えられよう。犯人がゲリラの場合、政府軍から追われ移動を余儀なくされた時、怪我人や病人は足手まといとなるので殺害される可能性が高くなる。身体の健康維持に努めたい。

　一方、精神的な健康維持も重要な課題である。監禁生活はいつまで続くかわからない。何より希望を失わないようにしたい。そのためには、囚われている他の人質はもとより、犯人グループとも良好なコミュニケーションを取ることが肝要である。気晴らしになるもの、できればささやかな楽しみを見つけたい。自由になった後のことを想像して計画を立てるなども大いに勇気を与えることになるだろう。

　よく出る質問として犯人との接し方がある。人質の生殺与奪は犯人グループが握っている。基本的な姿勢としては、従順に、できれば明るく振る舞うように心掛けたい。身代金目的の犯人は、人質が憎くて拉致した訳ではない。たとえ言葉が十分に通じなくても、何らかのコミュニケーションができれば、生活待遇に配慮してくれるかもしれない。決して敵に回してはならない。

　地元警察または軍が救出に来た場合は、犯行グループと銃撃戦になる可能性が高い。救出作戦中で人質が死亡した事例が報告されている。銃撃戦となった場合は、的にならないように、また流れ弾に当たらないよ

うに、物陰に隠れて身を小さく地面に伏せることが効果的である。

　最後に脱出について触れたい。監禁場所が街中であり、120％成功する自信があるのであれば試みることも考えられるが、基本的にはお勧めしない。失敗した場合は、何らかの罰（食事制限、より環境が悪い監禁、最悪の場合は殺害）が課される可能性がある。他の人質に対する見せしめ、再度の試みを抑制する効果があるからである。監禁場所が人里離れたジャングル地帯、砂漠地帯、山岳地帯では、たとえ監禁場所から脱出できたとしても進むべき方向がわからなかったり、食糧調達の問題が残る。運よく人家にたどりつけたとしても、そこは犯人グループ（ゲリラ）に通じている家かもしれない。ゲリラの支配する地域では、好むと好まざるとに関わらずゲリラに協力しないと生活が成り立たないこともあり得るからである。

　したがって、繰り返しになるが、基本的な姿勢は従順に、身体的な健康を維持し、希望を失わないことこそサバイバルの極意と言えよう。

5 人質解放後

やってはいけないこと、配慮したいこと

　受難者が解放されたら、何を置いても受難者の肉体的健康診断および精神的カウンセリングを行い、休養できる環境を用意することである。世間の注目を浴びている事件が解決して人質が戻ってくるとなると、当然のことながらマスコミは取材を求めてくる。これには本人の意思を尊重するが、原則としてお断りすることとなる。精神的にも肉体的にも疲労困憊の極にいる受難者をマスコミの厳しい質問に曝すことは厳禁である。マスコミの質問攻めに遭わせたため、怖ろしかった体験を思い出し、フラッシュバック現象を起こした事例もある。

　また、現地警察等による事情聴取には協力しなければならないが、被害者として長い時間の事情聴取がなされる可能性がある。できれば静かなホテルの一室を借り上げる、ストレスがないようにプロの通訳を使う、立会人を同席させるなど、在外公館を通じて十分に配慮するように要請したい。事情聴取が終わったらできるだけ早く日本に帰国させ、精神的にも肉体的にも静養させるべきである。

危機発生時のチェックリスト ☑

- □ 緊急対策本部の事務局長には冷静に対応できる健康な人を選任しているか？
- □ 危機管理コンサルタントにコンタクトしたか？
- □ 現地対策本部には経験のある人を派遣したか？
- □ ステークホルダー（株主、マスコミ、従業員、受難者家族、取引先、官公庁、お客様、学生）から納得を得られるコミュニケーションを取れているか？
- □ スポークスパーソンには資質のある人を選任しているか？
- □ あなた自身、睡眠を取れているか？
- □ 緊急対策チームのスタッフはどうか？
- □ 生存確認はできているか？　直近はいつか？
- □ 適切な現地交渉人は確保できているか？
- □ 経営幹部は記者会見前にメディアトレーニングを受けたか？
- □ 当面必要な対応費用は調達しているか？

第3章

危機の終了とフォローアップ

人事課長と誘拐事件受難者の会話

「事件からひと月半ほど経ちましたが、いかがですか」
「帰国した頃は、夢に出てくることもありましたが、心理カウンセラーの先生のお陰で、最近はそのようなこともありません」
「それは良かったです。ところで、復職される時の仕事ですが、一応ご希望があれば伺っておきたいと思うのですが……」
「それはどういう意味ですか」
「本社の海外営業支援部門、場合によっては職種転換も検討できますが……」
「いいえ、私はまた海外に出てバリバリやりたいと思っています」
「そうですか。正直申しまして、どうお考えなのか心配しておりました。次の定期異動では、ストックホルム、デュッセルドルフ、バンコク、シドニーなどが選択肢となります。いかがですか」
「家内と相談して、お返事させていただきたいと思います」
「それではお待ちしております」
「ところで、解放に向けてお世話になった方々にひと言お礼を言いたのですが……」

1 危機終了の判断

危機の判断基準

　誘拐事件では、被害者の無事救出あるいは遺体の確認をもって対策本部長が危機的状況の終了の判断を行う。その基準は以下の通りである。

・人質が安全に保護された場合
・人質の死亡が確認された場合
・事件に関わった犯人が全員射殺または逮捕された場合

　ここで難しさが残るのは、新たに別の人が誘拐される可能性、あるいは犯人から追加的要求がこないかという判断である。
　もうひとつの問題は、事件が長期化する場合である。フィリピンでの三井物産マニラ支店長誘拐事件（1986年）では解放まで5ヶ月間を要した。コロンビアでの矢崎総業の誘拐事件（2001年）では終了（遺体の発見・確認）まで2年9ヶ月を要した。その間、1000回近い対策会議が開催されたと伝えられている。コロンビアと日本では昼夜が逆であることから、発足直後の対策本部メンバーの肉体的・精神的な負担はいかばかりであったろうか。
　最近の事例では、アフリカのニジェールでフランス企業アレバの社員等が4人誘拐された事件（2010年）があり、無事解放まで3年かかっている。これらのように事件が長期化した場合は、2名〜3名のスタッ

フを常駐させて恒常時の体制に移行して対応することになる。犯人との交渉が長期化するケースでは、次の交渉日が犯人グループ側から指定され連絡を取ることが多い。

　テロ事件の場合は、犯人グループからの犯行声明や現地政府、軍・警察の判断を参考に、さらなるテロ事件が起きる可能性を総合的に検討することになる。

2

危機終了後の対応

原因究明

　誘拐の場合は、会社や自宅、通勤経路についてセキュリティのサーベイ（調査）を実施する。会社は、警備員の人数と配置状況、施錠、防犯装置、フェンスの高さなど。自宅は、立地、警備員または警備会社への通報手段、施錠、窓格子、現地の治安状況によっては緊急時に逃げ込め一定時間侵入を防げる隔離部屋の有無など。通勤経路は、経路の安全性、経路のパターン、経路の選択は誰がいつ行っているか、出発時間が固定していないかなどが挙げられよう。

　サーベイに際しては、後述する責任問題とは切り離して行う姿勢が重要である。さもないと事象が意図的に隠蔽されたり、誇張されたりして真実から離れてしまう可能性がある。また、サーベイは、危機管理チームとは別の独立した組織（危機管理コンサルタント会社や学識経験者など第三者を入れた機関）によって客観的に実施するのが望ましい。方法論的には、仮説と検証の繰り返しによる分析が経験上有効と考える。

　事件の反省会には、受難者本人は入れないで行うほうが良い。また、受難者本人を記者会見の場に立たせることは避けるべきである。なぜなら、記者会見における記者からの容赦ない質問は、誘拐時における恐怖の追体験（フラッシュバック）を引き起こす可能性があるからである。

　誘拐の場合は、受難者の使用人（例えば、家政婦、運転手）が犯人グループに情報を流したこと（内通）によって発生した例も報告されてい

る。ひとつの可能性として押さえるべき調査対象である。

　テロの場合は、街中における無差別殺傷を目的としたテロに巻き込まれるケースでは企業に直接的な原因はないが、会社の施設（オフィス、工場）を対象にした破壊行為の場合は、原因を究明する必要がある。例えば、テログループからの革命税の支払い要求の拒否、現地住民との何らかのトラブル、元従業員が解雇された腹いせによる犯行かもしれない。犯行声明が出された場合は、本物かどうか見極める必要がある。

危機対応行動の見直し

　はじめに強調しなければならないことは、危機対応行動のレビュー（見直し）の究極的な目的は事件の再発防止である。そのためには危機管理行動の改善、訓練および予防するための研修の高度化が必要である。

　レビューは責任問題とは切り離して行うべきであり、個人攻撃の場ではない。また、社内ポリティクス（派閥の政治力）を持ち込む場でもないことを肝に銘じるべきである。

　レビューは、事件の記憶が風化しないうちに関連する人々を集めて行いたい。時間が経つと熱意が薄れる恐れがあり、またタイミングによっては人事異動などで関連する人が地方や海外に転勤になることもあるだろう。レビューを行う際は些細なことも含めて記録を取り、専任の担当者を置いてじっくり分析すべきである。事件全体を見直し、会社の安全対策の弱点の抽出と再発防止策の策定を行うことは重要である。

　具体的には、対策本部設置とスタッフの招集、情報の収集、記録、情報の伝達、記者会見と報道のされ方、対策の有効性（意思決定と実行）、現地政府・軍・警察との関係、外務省や在外公館との連携、出費と効果などが挙げられよう。

レビューによって、いろいろな反省点、セキュリティ上の弱点が浮き彫りになる。これらの反省点を文書として記録し、会社全体で共有することが必要だ。

　なお、事件が解決したからと言って安心はできない。なぜなら、事件からしばらくの間は、別の犯罪集団から狙われるリスクが高くなるからである。事件の再発は何としても防がなければならない。

帰国後の受難者対応

　PTSDをご存じの方も多いと思うが、心的外傷後ストレス障害と訳される。PTSDは、古くは第一次世界大戦における塹壕戦の体験、ベトナム戦争から帰還した米国将兵の精神的崩壊で注目されるようになった。いずれも言語を絶する死の恐怖体験がトラウマとなり、その体験がフラッシュバックするなどの症状である。

　誘拐の場合は、いつ殺害されても不思議はない監禁状態が続く。解放後、ふとした何かが契機となってPTSDを発症することも十分にあり得る。受難者は可能な限り早期に帰国させ、思い起こさせる要素を早く取り除くことが肝要である。帰国後はしばらく休暇を与え、身体的・精神的にリラックスできる環境を整えるべきである。受難者の状況によっては、メンタル・トレーナーをつけることも検討されたい。

　本人が落ち着いたと判断された時点で職場復帰を検討することになるが、まずは本人の希望をよく聞いて、次の配属先を配慮すべきである。選択肢としては、別の国への赴任、本社の海外業務担当部門、状況によってはまったく異なる職種への転換も視野に入れることになるかもしれない。いずれにしても、職場復帰後もしばらくは継続的に受難者の健康状態、精神状態をケアすべきである。

責任追及と処罰、論功行賞、協力者への御礼

　原因究明における調査結果を基に、危機発生の責任問題と処罰が行われる。例えば、現地の安全対策、赴任前研修、現地情報の日頃からの収集などが不十分であったとすれば直接の責任者の処罰は免れないだろう。それに伴い、適切な人材を海外安全の責任者に選任する人事異動を行う必要がある。

　一方、トップの責任についてはどう考えるべきであろうか。前掲の宮林氏は、「わが国では、トップの責任については結果責任論と組織責任論で判断されることが多い。しかし、そうなると、トップは自分が責任を取らされるのは運が悪かったからだと考え、大きな責任を負っているという意識を希薄にしてしまう」[23]と述べている。実際、経営トップにはセキュリティ責任者の任命責任がある。これに関連しては、前述した経団連が制定している「企業行動憲章」（40ページ参照）の10項目目に責任の明確化と事案によってはトップも含め監督者に対する的確・厳正な処分を謳っている。

　社内における論功行賞は、個人ではなくチームを対象に行いたい。また、論功行賞を与える場合も、受賞チームだけでなく、全従業員に対して危機発生時における理解と協力に謝意を表すべきである。なぜなら、対策本部のメンバーは心身ともに過酷な環境下で解決に向けて頑張ったのは評価されてしかるべきであるが、彼ら彼女らが抜けている間も通常業務は継続している。対策本部要員を出した部署では、同僚の誰かが穴が開かないように通常業務をカバーしている。その結果、残業が増えた人、不慣れな業務で取引先に迷惑をかけて走り回った人もいるかもしれないのである。

失敗と論功が共存する場合は、相殺することなく、失敗は失敗、功は功として区別して取り扱いたい[24]。

　また、現地雇用の従業員の中には事件の発生で動揺している人、取引先からの照会対応に追われた人、中には事件解決に向けて奔走した人もいる。彼ら彼女らに対しても事件の終了を報告し、事件解決に向けての協力に対して心からの感謝をしたい。そのような配慮が信頼感を高め、その後のチームワーク作りに役立つのではないだろうか。

　危機対応時に解決に向けて協力してもらった関連機関（外務省、在外公館、現地政府・軍・警察、現地のパートナー企業、マスコミ、その他）に危機終了の報告を行うとともに謝意を表明する。また、事件に関する当局の捜査に協力する。事件の顛末に関する報告は、関連機関にとって事件の再発防止に資する情報であり、その結果、信頼感を高めパイプが太くなることもある。

　原因究明によって警備体制の不備が指摘された場合は、警備員の増員、CCTVカメラの設置・増設など警備の強化が再発防止になる。それに伴う経費予算の手当てが必要となる。

危機終了後の残務処理

　受難者（死亡した場合は遺族）に対する補償を災害補償規定や就業規則に規定されている手続きにしたがって行う。また、経費や負債の精算処理を行う。

　保険に加入している場合、死亡して遺体を搬送した場合、親族が日本から現地に駆けつけた場合、受難者がケガをした場合などに発生した費用を支弁する海外旅行傷害保険、団体生命保険、受難者の解放に関わる安全保障プログラム、テロ事件の場合は、施設の火災保険や事業継続費

用保険などの保険金請求手続きを行い、支出した費用を回収する。

　一連の金銭的処理および残務処理が終了したら対策本部を畳むことになるが、資材等の撤収はスケジュール化して期限を切って計画的に行いたい。

法的問題

　駐在の安全確保（危機管理）を行なわなければならない法的根拠については序章において検討を行った。まずは、誘拐が発生し身代金の支払いを行った場合について考えてみたい。

　誤解があるといけないので、誘拐事件における身代金の支払いについて、筆者の基本的スタンスを明確にしておきたい。我々は誘拐における身代金支払いを良いことだとは決して思っていない。なぜなら、身代金を支払う相手は、主義主張や背景はどうであれ犯罪グループであり、身代金の支払いは事件再発を助長する可能性も否定できないからである。しかしながら、役員・従業員が誘拐されてしまった場合は、人命を尊重する立場から支払いに応じざるを得ないケースがあり、実際、欧米各国の企業も同様の対応を取っているのが現実である。治安状況がグローバルに見ても極めて良好な日本国内にいると危機意識が欠如しがちになるが、イデオロギー、民族的あるいは宗教的対立、経済格差、失業と貧困など事件の背景となる社会的状況は存在する。詳しくは第2部を参照されたい。それだけに平時におけるリスクマネジメント体制（第1章参照）の充実が望まれる。

　ところで、視点を変えて身代金を支払った場合の経理・財務的取扱いはどうなるであろうか。損益計算書上では特別損失に計上され、年間の利益額を超えれば、貸借対照表上の利益剰余金に負の方向で反映される。

つまり、企業価値が毀損することになる。リスクマネジメント（平時の準備）体制の不備により、大切な社員が誘拐され財務的に損失を被ったとしたら、上場企業の一般株主はどう考えるであろうか。担当する役員の善管注意義務が問われる可能性がある。

なお、前述した通り、使用者としての安全配慮義務が問われた場合（受難者の死亡または重篤な後遺障害の発生など）、親族または受難者本人によって民事上の訴訟が提起される可能性があることも指摘しておきたい。

23　宮林（2005）p.69
24　宮林（2005）p.71

column 8

曲突徙薪無恩沢 焦頭爛額為上客耶

　この漢文は中国の古典である『漢書』（霍光伝）の一節であり、企業の経営者や管理職への警告である。

　漢の時代の中国、ある旅籠に旅人が泊まった。宿では夕食の支度にてんてこ舞いだ。台所の煙突からは勢いよく煙が噴き出ている。見ると煙突の下には薪が積まれ、そこに、煙突からの火の粉が降りかかっているではないか。
　これを見た旅人は宿の主人に注意をした。「ご主人、煙突から吹き出す火の粉が、家の壁や薪に降りかかっています。煙突の向きを変えて壁から離し、積んである薪をよそに移さないと今に火事になりますよ」と。
　主人の応えは「余計なことを言うご仁じゃ。この宿は、何年も無事にやってきている。心配ご無用」だった。

　あにはからんや、件の旅人が発ったしばらく後、この宿屋が火事になった。旅人が注意したように、台所の壁際に積んだ薪に火が移り火事となってしまった。近所の人々が駆けつけ、火に包まれながら、必死に消火に努めてくれた。人々の髪は焦げ、額は焼けただれた。人々の働きで、火は消し止められた。宿の主人は喜び、消火に当たった村人を招き、「大火にならなかったのは、皆さんのおかげです。ありがとうございました」と、お礼を言って酒肴をもてなした。

　一部始終を見ていた賢人が嘆いて言った。「宿屋の主人は先の旅人の忠告を聞いていれば火事には遭わなかったのに。また、火事の後で支払いも大変な時に、大金をかけて饗応することもなかったのに」、「旅人の忠告は軽くあしらって、一方では、火事の現場で、目に見える形で活動をした人にだけ恩賞を出すなんて、どこか間違っている……。旅人こそ恩賞を受けるに相応しい働きをしたのでは……」と。

危機終了後のチェックリスト ☑

- □ 危機終了を宣言する状況にあるか？　その根拠に客観性はあるか？
- □ 受難者の精神的フォローアップ体制は整っているか？
- □ 第三者による原因究明、対策に関する評価を検討したか？
- □ 処罰、論功行賞に透明性はあるか？
- □ 直接的に事件対応した人以外の協力に対して感謝の意を示しているか？
- □ 事件対応を通して良かった点、反省すべき点、学んだ点は何か？
- □ その結果、危機管理マニュアルを修正したか？

第2部
世界の治安情勢

第4章

近年の国際テロ情勢と日本

第2部で各国の治安情勢とビジネスリスクを取り上げるが、その中心をテロ情勢に置いている。通常テロ組織はテロを実行するが、身代金目的の誘拐や脅迫、強盗など一般犯罪的な行動をとることも頻繁であり、それらは相互に関連し合っているからである。よって政治的な意味合いがあるテロ情勢が中心になっている国もあれば、一般犯罪的な内容になっている国もあることを説明しておきたい。

2001年以降の主な国際テロ事件

　よく一般社会では、どうしても9.11同時多発テロの衝撃に注目が集まってしまいがちであるが、9.11同時多発テロを実行したアルカイダと米国との闘いは、アルカイダが誕生した1988年以降すでに始まっていた。そしてテロリズムというものは日本赤軍やオウム真理教のように、そのずっと以前から我々日本も直面してきた問題である。しかしここではテロリズムの歴史について紹介するのではなく、現在の国際社会が最も深刻に直面するアルカイダを中心とする一部のイスラム過激派の動向を中心にしてみていきたい。

　9.11同時多発テロ以降、世界各地では多くのテロ事件が発生している。それはインドネシアやフィリピンを最も東として、タイ、ミャンマー、インド、パキスタン、アフガニスタン、イラク、ヨルダン、イエメン、シリア、エジプト、リビア、ケニア、ソマリア、アルジェリア、モロッコ、スペイン、フランス、イギリス、スウェーデン、ノルウェー、ロシア、ペルー、コロンビア、米国など世界各地で発生しており、逆にテロとは無縁だった国家から数えたほうが早いかもしれない。9.11同時多発テロ以降、国際社会の注目を集めるアルカイダ系イスラム過激派によるテロは、主として欧米権益や中東にある権威主義的な政権を狙ったも

表6　日本とアルカイダ系イスラム過激派との関わり

1987年	後のアルカイダナンバー3ハリド・シェイク・モハメドが静岡県などに3ヶ月間滞在
1994年12月	マニラ発成田行のフィリピン航空434便が沖縄の南大東島付近上空で爆発し、那覇空港へ緊急着陸、日本人男性1名が死亡。実行者はアルカイダのラムジュ・ユセフ
2003年～2004年	アルカイダとの関わりがあるアルジェリア系フランス人リオネル・デュモンが偽造パスポートで4回入国し、計9ヶ月間日本に滞在。
2003年10月	アルカイダ幹部を名乗る人物が、インターネット上で日本も攻撃の対象になるとする声明を発表
2004年3月	スペインマドリッド列車爆破テロ後、イギリスのアラビア語紙に届いたアルカイダの犯行声明の中で、欧米と共に日本が名指しされていた。
2008年4月	当時アルカイダのナンバー2であったザワヒリが、"米国の同盟国である日本も攻撃対象"であるとする声明を発表。

ので、日本人もそれによるテロの犠牲にはなっているものの、日本を直接の標的とするものではない。しかし日本は米国の安全保障上の同盟国である以上、その時の国際政治情勢により、アルカイダ系イスラム過激派の標的のひとつになることも否定できない。その証拠として、上記の**表6**は日本とアルカイダ系イスラム過激派組織の関わりについて記したものである。

　9.11同時多発テロ以前、アルカイダという国際テロ組織の認知度は国際的にも今日ほど高いものではなかった。しかし**表6**が示すところに

表7　9.11同時多発テロ以降発生した代表的なテロ事件

2002年10月	バリ島爆破テロ事件
2003年8月	ジャカルタ米国系ホテル爆破テロ
2003年11月	イスタンブール連続爆破テロ
2004年3月	マドリッド列車爆破テロ事件
2004年9月	ベスラン学校占拠人質テロ事件
2005年7月	ロンドン同時多発テロ事件
2005年11月	アンマン米国系ホテル爆破テロ
2007年12月	アルジェ国連事務所爆破テロ
2008年11月	ムンバイ同時多発テロ
2009年7月	ジャカルタ米国系ホテル爆破テロ
2010年7月	カンパラ同時多発テロ
2011年1月	モスクワ国際空港爆破テロ
2013年1月	アルジェリア・イナメナス襲撃事件
2013年4月	ボストンマラソン爆破テロ事件
2013年9月	ナイロビショッピングモール襲撃事件

　よれば、アルカイダとは遠い存在かと思われてきた日本においても、9.11以前からアルカイダ関係者の痕跡は残されていた。そして21世紀に入っても、9.11同時多発テロを契機とした米国主導のアフガニスタン戦争やイラク戦争が発生し、日本は米国の行動に支持を表明するだけでなく、自衛隊をイラクへ派遣したことで、アルカイダ系組織からは"十字軍の追随者"とみなされることとなった。

　そのアフガニスタン戦争やイラク戦争勃発後も、国際テロの脅威は止むことがない。**表7**は9.11以降国際社会で発生した代表的な国際テロ事件をまとめたもので、9.11ほど大規模なテロではないにしろ、アジア（インドネシア、インドなど）、中東（イラク、ヨルダンなど）、アフ

表8　日本人が死傷したテロ事件

1997年11月	ルクソール事件（邦人10名死亡）
1998年8月	在ケニア・在タンザニア両米国大使館爆破事件（邦人1名負傷）
2001年9月	米国同時多発テロ事件（邦人24名死亡）
2002年10月	バリ島爆破テロ事件（邦人2名死亡、13人負傷）
2003年11月	イラク外交官射殺事件（邦人2名死亡）
2004年10月	イラク日本人青年殺人事件（邦人1名死亡）
2005年7月	ロンドン地下鉄同時多発テロ事件（邦人1名負傷）
2005年10月	バリ島同時爆破テロ事件（邦人1人死亡）
2008年11月	ムンバイ同時多発テロ事件（邦人1名死亡、1人負傷）
2013年1月	アルジェリア・イナメナス襲撃事件（邦人10名死亡）

リカ（アルジェリア、ケニアなど）、欧米（スペイン、イギリスなど）を中心に世界各地で発生しており、その一回における犠牲者数も数十人から数百人にわたる。

このようにさまざまな場所でテロ事件が発生すると、ヒトやモノ、情報が国境の壁を越えて行き交うグローバル化社会においては、日本人にも精神的、身体的な被害が及ぶことも決して忘れてはならない。

表8は日本人が死傷したテロ事件を挙げたものである。表にもあるように、1997年11月ルクソール事件、1998年8月在ケニア・タンザニア米国大使館爆破テロ、2002年10月バリ島爆破テロ事件、2003年11月イラク外交官射殺事件、2004年10月イラク日本人青年殺人事件、2005年7月ロンドン地下鉄同時多発テロ事件、2008年11月ムンバイ

同時多発テロ事件、2013年１月アルジェリア・イナメナス襲撃事件などが挙げられる。

✈ 近年の国際テロ統計（2011年）

　次に近年の国際テロ情勢について、図表を用いさらに深く観ていきたい。9.11同時多発テロのインパクトが大きいことから、中には2001年あたりがテロ事件の数においても最盛期だったと直感的に思う人もいるかもしれないが、近年のほうがより多くのテロ事件が起こっている。例えば2012年に米国の国家テロ対策センターから発表された「テロ年次報告書2011」を分析すると、今日の世界的なテロ情勢について大まかにわかる。それによると、2011年に世界各地で発生したテロ事件数は依然として１万件を超え、１万2,500人以上がテロで犠牲となっている。2011年のテロ事件数は、2010年と比較して12パーセント、2007年と比較して29パーセントそれぞれ減少しているが、死傷者数やテロ発生地域などの点では大きな変化はみられない。またそのテロ発生地域についても、2011年に発生したテロ事件のおよそ75パーセント、7,721件（死亡者数は9,236人）は中東と南アジアで発生しており、そのうちアフガニスタン、イラク、パキスタンの３ヶ国で発生したテロ事件の合計は、2011年に世界で発生した全テロ事件のおよそ64パーセントを占めている。

　またソマリアやナイジェリアに代表されるアフリカ地域でも増加傾向にあり、**表9**で示されているように、例えば死亡者数が多い国家として、上記のアフガニスタン、イラク、パキスタンに次ぎ、ソマリア、ナイジェリアがそれぞれ第４位（1,104人）、第５位（593人）にランクインし、事件数においても第５位がソマリア（614件）、第９位（189件）がナ

表9　2011年におけるテロ事件数、死亡者数のトップ15ヶ国

テロ事件数トップ15ヶ国	件数	死亡者数トップ15ヶ国	負傷者数
アフガニスタン	2,827	アフガニスタン	3,353
イラク	2,265	イラク	3,063
パキスタン	1,436	パキスタン	2,033
インド	673	ソマリア	1,101
ソマリア	614	ナイジェリア	593
コロンビア	424	インド	479
タイ	305	コロンビア	305
ロシア	238	タイ	238
イスラエル	189	ロシア	189
ナイジェリア	189	スーダン	189
ギリシャ	188	フィリピン	188
フィリピン	158	イエメン	158
イエメン	99	コンゴ共和国	99
トルコ	91	ノルウェー	91
コンゴ共和国	52	シリア	52

http://www.fas.org/irp/threat/nctc2011.pdf#search='terrorism+report+2011

イジェリアとなっている。さらに他の地域でみられる例として、ロシアでは2011年の事件数が238件で、2010年の396件から大幅に減少しているが、反対にトルコでは2010年の40件から倍増し、2011年の発生件数は91件となっている。東南アジアではフィリピンやタイにおけるテロ事件数と死亡者数が多いが、大規模なテロが発生してきたインドネシアのテロ情勢は、小規模な事例はみられるものの、比較的安定している。

　次にテロ事件の実行組織について、**表10**より2011年に発生した全テ

表10 テロ実行組織のタイプ別（死亡者数をもとに）

テロ実行組織	死亡者数
イスラム教スンニ派過激組織	8,886
世俗/政治的/無政府主義者	1,926
不明	1,519
ネオナチ/ファシスト/白人優位主義者	77
その他	170

http://www.fas.org/irp/threat/nctc2011.pdf#search='terrorism+report+2011

ロ事件の犠牲者数の半数以上はイスラム教スンニ派過激組織のテロによるものであることがわかる。また「テロ年次報告書2011」によると、その中でもアルカイダ系グループによるテロでは約2,000人が、アフガニスタンやパキスタンを拠点とするタリバンによるテロでは約1,900人がそれぞれ犠牲になったとされる。

2011年におけるこのようなアルカイダとの関係が指摘されるグループ等によるテロは前年度比8％増加しており、それにはアフリカのテロ情勢の悪化が影響している。例えばソマリア南部を拠点に活動し、アルカイダとの関係があるアルシャバブによるテロは、2010年に401件であったにもかかわらず、2011年は544件に大幅に増えている。またナイジェリアにおいても、北部を拠点とするイスラム過激派ボコ・ハラムによるナイジェリア当局やキリスト教会などを標的としたテロ事件が多発しており、2010年の31件に比べ、2011年は136件となっている。

さらにアフリカで発生するアルカイダ系によるテロは、**表9**の統計からも暴力性が非常に高いものであることがわかる。例えばボコ・ハラム

の拠点であるナイジェリアでは、2011年の事件数が189回、死亡者数は593人となっており、1回のテロ事件における死亡者数は平均約3人であり、その暴力性は**表9**に挙がっている国家の中でも際立って高い。ソマリアに関しても、1回のテロ事件における死亡者数は約1.8人で、対テロ戦争の最前線であったアフガニスタンの1.16人、イラクの1.35人、パキスタンの1.41人などを大きく上回っている。

近年の国際テロ統計（2012年）

次に2012年の世界的なテロ情勢であるが、CSIS（戦略国際問題研究所）のレポートによれば、2011年と同じように事件数・犠牲者数のトップ3ヶ国はパキスタン（1,404件、1,848人死亡）、イラク（1,271件、2,436人死亡）、アフガニスタン（1,023件、2,632人死亡）で占められ、以下続くインドやナイジェリア、タイ、イエメン、ソマリアなど他を圧倒する数字となっている。パキスタンやアフガニスタンでは依然としてパキスタン国境付近であるトライバルエリア（FATA）を拠点として、タリバン勢力がテロ活動を繰り返しており、またイラクでは2011年の米軍撤退以降、イラクを拠点とするアルカイダ系武装勢力が軍や警察施設を襲撃し、また大衆が集まりやすい場所で自爆攻撃を行うなどテロ活動を再び活発化させている。そして**表11**より特記すべきこととして、シリア情勢の悪化が挙げられる。周知のようにアラブの春の影響でシリアは内戦に突入し、平均犠牲者数と平均負傷者数はそれぞれ4.94、13.44となっており、他を引き離す数字となっている。これには内戦によるアサド政権の統治力の低下、アルカイダ系イスラム過激派の台頭と外国からのジハーディストの流入などが関係していると考えられる。

第4章　近年の国際テロ情勢と日本

表11　2012年における各国のテロ事件の推移

国名	件数	犠牲者数	負傷者数	平均犠牲者数	平均負傷者数
パキスタン	1,404	1,848	3,643	1.32	2.59
イラク	1,271	2,436	6,641	1.92	5.23
アフガニスタン	1,023	2,632	3,715	2.57	3.63
インド	557	231	559	0.41	1.00
ナイジェリア	546	1,386	1,019	2.54	1.87
タイ	222	174	897	0.78	4.04
イエメン	203	365	427	1.80	2.10
ソマリア	185	323	397	1.75	2.15
フィリピン	141	109	270	0.77	1.91
シリア	133	657	1,787	4.94	13.44

http://csis.org/files/publication/130709_non_war_against_non_terrorism.pdf

近年の国際テロ統計（2013年）

　2014年4月30日、米国の国務省は「2013年テロ年次報告書」を公表した。同報告書によると、2013年に発生したテロ事件は計9,707件（前年より43％増）で、1万7,800人以上が死亡（前年、約1万1,000人）、3万2,500人以上（前年、約21,600人）が負傷したとされる。

　またテロ事件が多く発生している国は、イラク、アフガニスタン、パキスタン、インド、フィリピン、タイ、イエメン、シリア、ソマリア、ナイジェリアなどとされる。米国務省は毎年このようなテロ年次報告書

表12　テロ事件数の多いトップ10ヶ国

国家	事件数	犠牲者数	負傷者数	犠牲者/攻撃	負傷者/攻撃
イラク	2,495	6,378	14,956	2.56	5.99
パキスタン	1,920	2,315	4,989	1.21	2.60
アフガニスタン	1,144	3,111	3,717	2.72	3.25
インド	622	405	717	0.65	1.15
フィリピン	450	279	413	0.62	0.92
タイ	332	131	398	0.39	1.20
ナイジェリア	300	1,817	457	6.06	1.52
イエメン	295	291	583	0.99	1.98
シリア	212	1,074	1,773	5.07	8.36
ソマリア	197	408	485	2.07	2.46

を発行しているが、2012年以降米国メリーランド大学のテロ研究機関:STARTが発表するテロ分析や情報をリソースにしている。なお2013年については、筆者が2014年5月に危機管理専門雑誌「リスク対策.COM」（電子版）〈http://www.risktaisaku.com/sys/news/?p=000850〉に掲載した資料を利用しており、**表12**から**表15**についての説明はP.142〜P.143に箇条書きで記してある。

表13 テロを実行した組織トップ10

組織名	件数	犠牲者数	犠牲者/攻撃
タリバン	641	2,340	3.65
イラクのアルカイダ	401	1,725	4.30
ボコ・ハラム	213	1,589	7.46
インド毛派共産党主義派	203	190	0.94
アルシャバブ	195	512	2.63
パキスタンタリバン	134	589	4.40
新人民軍	118	88	0.75
アラビア半島のアルカイダ	84	177	2.11
コロンビア革命軍	77	45	0.58
バンサモロ イスラム自由戦士	34	23	0.68

表14 テロ実行における手段・方法

手法・方法	全事件数に占める割合
自爆テロ、車爆弾テロなどの爆発事案	57%
武装襲撃事案	23%
暗殺事案	8%
公共施設、インフラ施設などへ攻撃事案	6%
人質事案	6%

表15　テロ事件における標的

標的のタイプ	犠牲者数
一般市民、私的財産	3,035
警察	2,388
政府権益	1,376
ビジネス	862
軍	621
宗教施設	383
教育施設	354
テロ組織、武装集団	270
輸送	253
公益事業体	244
ジャーナリスト、メディア	167
政党	137
大使館、外交権益	102
電気通信関連	68
NGO	51
その他	41
空港、飛行機	29
旅行者	16
海事関連	11
食糧・水供給者	7

- 2013年における上位10ヶ国は、多少の順位移動はあるものの、2012年のそれと変わらない。
- 2012年にはパキスタンが1位であったが、2013年はイラクが1位となり、フィリピンやシリアもランクが上昇した。特にイラクとシリアでテロ事件が増加した背景には、シリア内戦が激化し、その中で台頭したアルヌスラやイラクからシリアへ活動範囲を活発化させたISIL（イラクとレバントのイスラム国）の影響がある。一方ナイジェリアにおいてはテロ事件数が45％減少したが、ボコ・ハラムの活動は依然として続いている。
- 2013年には世界93ヶ国でテロ事件が発生したが、全テロ事件数の57％、全犠牲者数の66％、全負傷者数の73％はイラクとパキスタン、アフガニスタンの3ヶ国で発生した。
- 1回のテロ事件における平均犠牲者数は、シリアとナイジェリアで非常に高くなっている。
- 2013年も同様に、アルカイダ系のイスラム過激派の基盤があり、また活動する国家で多くのテロ事件が発生している。
- ザワヒリが指揮するアルカイダは組織的に弱体化し、大規模なテロ攻撃を仕掛けることは難しい。一方、自らアルカイダを名乗るイスラム過激派や個人などは、引き続き活発的に活動している。
- 最も多くのテロ事件に関与したのはアフガニスタンのタリバンで、全体の20％を占める。
- 1回のテロ事件における犠牲者数の割合では、ISILやボコ・ハラム、アフガン・パキスタンの両タリバンによるそれが高く、反対にインドやフィリピン、コロンビアで活動する左派、共産系テログループによるそれは低くなっている。
- 自爆テロや車爆弾テロ、IED（即席爆破装置）を用いたテロは、イス

ラム過激派によるテロにおいて頻繁に用いられる。
- タリバンにおいては、治安当局側のメンバーをリクルートしたり、警察のユニフォームを着たりしてテロを実行する、いわゆるインサイダーテロリズムも比較的多く発生している。
- 自爆テロは世界で510件発生し、3,800人以上が犠牲となっている、自爆テロはそうでないテロの約5倍の確率で人を犠牲にしている。
- 爆発物によるテロ事件は全体の57％を占め、シリアやイラク、ロシア、アフガニスタン、パキスタン、ケニアなどで多い。
- テロ組織は組織的に弱体化した場合に、フィリピンのアブサヤフのように身代金目的の誘拐や人質事件など一般犯罪的な行動を取ることも多い。
- 全体的にやはり、警察や軍、政府関係施設などを狙った攻撃が多い。
- モスクやシナゴークなどの宗教施設への攻撃は32ヶ国で発生し、一回の攻撃における平均犠牲者数は3.1人と非常に暴力性が高い。これにはISILなどイスラム教スンニ派過激組織による、シーア派施設、キリスト教系施設への攻撃が起因している。また2012年と比較して21％増加している。
- ジャーナリスト、メディアへの攻撃も増加しており、シリアやサハラ地域を中心に世界36ヶ国で発生した。
- 主要駅や国際空港、その他大型施設など観光客や多くの地元民が集まる場所は依然としてテロの標的となりやすい。
- 昨今はナイジェリアのボコ・ハラム（西洋の教育は罪）のように学校などの教育施設を襲撃し、生徒を拉致する事案も衝撃を与えている。

第 **5** 章

アジアの治安情勢とビジネスリスク

ここでは多くの日系企業が進出している、または今後進出が見込まれる地域・国家に特定してそれぞれの大まかな治安情勢についてみていきたい。なおそれぞれの国家が抱えるすべての政治、治安リスクをここで紹介することはできないので、その主要な一部について観ていくとしたい。

　以下第6章中東・アフリカ、第7章南米・その他についても同様とする。

中国

　中国の政治経済的な影響力がグローバルに拡大していることは間違いない。しかし、中国国内に目を向ければ、中国経済の恩恵を享受している者とそうでない者との経済格差は益々拡がっている。それは長年続く新疆(しんきょう)ウイグル問題にも強い影響を与えている。新疆ウイグル自治区には石油や天然ガスなどの資源が豊富で、その開発を目的に大量の漢民族が流入した結果、漢民族とウイグル族との間で経済格差が拡大するだけでなく、ウイグル族の宗教や文化も制限され、両民族間の衝突が断続的に発生している。2013年4月には、カシュガルでウイグル族と警察当局との衝突が発生し、21人が死亡した。また同年6月にはトルファンやホータンで、11月にはカシュガルでも同様に警察当局への襲撃事件が起きている。さらに2014年に入っても、3月に雲南省昆明市にある昆明駅で無差別殺傷事件が発生し、30人程度が死亡し、4月、5月にはウルムチの鉄道駅や朝市で自爆テロが発生し、多数が犠牲となっている。4月の自爆テロ事件は、習近平がウイグル自治区を訪問した直後に発生した。

　しかし、昨今の中国国内の治安情勢を振り返るのであれば、2013年

10月に発生した天安門車炎上事件を見逃すことはできない。この事件は同年10月28日正午過ぎ、天安門広場の歩道に車が突入、炎上したもので、フィリピン人や日本人を含む43人の死傷者（うち5人死亡）が出た。中国当局は事件を実行したのはウイグル人3人で、その背後に東トルキスタンイスラム運動（ETIM）の存在を指摘している。米民間情報機関のSITEによると、11月25日にトルキスタン・イスラム党（TIP、ETIMと同組織とされる）を名乗るグループがこの事件での犯行を認める声明を出したが、天安門車炎上事件のような一連の襲撃事件でETIMが実際に関与したかどうかは定かではない。ETIMはパキスタンやアフガニスタンと国境を接する新疆ウイグル自治区西部を拠点とし、中国からの東トルキスタンの独立（イスラム国家樹立）を目標に掲げるイスラム武装勢力である。ETIMは1997年にハッサン・マフスームとアブドゥカディル・ヤプケンによって設立され、2003年に指導者マフスームがパキスタンで殺害されるまでの間、アルカイダやタリバンなどと実質的な協力関係があったとみられる。その後継者アブドル・ハクも2010年にアフガンで殺害された。米国政府も9.11同時多発テロ事件による政治的影響もあり、2002年にETIMを国際テロ組織に指定し、ETIMが米国内に持つ資産を凍結している。またETIM関係者内での意見対立や権力闘争、一般的なウイグル民族の不支持なども重なって、ETIMは以前と比較して組織としては弱体化している。現在の戦闘員数は、アブドラ・マンスールの指揮の下、生粋のウイグル人を中心に数百人程度であるとされる。

　しかし、今日のテロは国内の民族問題を国際化させる特徴を兼ね備えていることから、ETIMの弱体化が指摘されるものの、それはあくまでも組織としてのものであり、個人レベルではイスラム国やアルカイダの掲げる過激思想に影響を受ける者も多く存在する。今日のイスラム国に

は中国籍の者も参加しているとみられる。また、米軍施設のグアンタナモ収容所に収監された者や、2010年のノルウェーでのテロ未遂事件における容疑者の中に少数ながらもウイグル系が確認されている。

このように、中国当局によるウイグル民族への政治・経済・文化的な締め付けが今後も強化されるのであれば、さらなる国内の治安悪化が避けられないだけでなく、トランスナショナルな要素を兼ね備えるテロの影響が新疆ウイグル自治区にも蔓延し、欧米各国が懸念する「過激化」（Radicalization）の問題に中国が直面する事態も否定できないであろう。

一方テロや少数民族問題だけでなく、今後の中国を見据える中で、共産党政権と一般国民との関係にも注目すべきだろう。現在の共産党政権にとっての潜在的な脅威は国民からの圧力であり、ウイグルやチベット、香港での人権・民主化問題は共産党政権にとって頭の痛いイシューであることは間違いない。

例えば2014年9月、香港で行政長官選挙への立候補方法を巡り立ち上がった民主派、学生らによる抗議行動、デモが発生した。

これはその前月に、全国人民代表大会（全人代）常務委員会が、2017年に行われる香港特別行政区の行政長官選挙の実施方法について、これまでの間接選挙に代わり、市民による直接選挙を導入する一方で、立候補するには「指名委員会」の過半数の推薦を得る必要があると決定したことに端を発する。つまり、1,200人の「指名委員会」メンバーの大半は親中派で占められており、事実上民主派から立候補することはほぼ不可能となる。

そしてそのデモは最大で10万人以上の規模に膨れ上がり、香港島の主要道路は封鎖され、市民生活に多大な影響をもたらした。それに対し警察部隊は、一部の座り込みグループへの強制排除を試みたものの、そ

の効果はなく、抗議デモは、コーズウェイベイ（銅鑼湾）地区、ワンチャイ（湾仔）地区、さらに対岸の九龍半島側のモンコック（旺角）地区等にも拡大した。この抗議デモではデモ隊側からの暴力的な行動は一切見られなかったものの、警察部隊は結果的にデモ隊に対し、100発以上の催涙弾を発射したとされる。

　2014年の香港デモが今後の中国内政にどのような影響を与えるかはわからないが、今日のグローバリゼーションの中で育ち、欧米文化にも長く触れた若者世代が中国の政治経済の中核へ入っていく中、それがどう変化、発展していくかをみていくことは、日本経済の将来にとっても戦略的に重要なことである。

フィリピン

　インドネシアのテロ情勢と同じように、一般的に見ればフィリピンのテロ情勢も以前よりは改善しているかのように見える。しかし、依然として生き残るアブサヤフ（ASG）や、近年台頭したバンサモロ・イスラム自由戦士（BIFF）のように、イスラム過激派の脅威は続いており、また新人民軍など共産主義系ゲリラの活動も止む気配はない。

　ASGは、ソ連のアフガン侵攻時にムジャヒディン（聖戦士）として参戦した経験を持ち、ビンラディンとも面識があるアブドラザク・ジャンジャラニによって1991年に設立され、バシラン島やホロ島を中心とするスールー群島を主な活動拠点としている。アブドラザク・ジャンジャラニは、ミンダナオのクリスチャン政府（フィリピン政府）からの独立というビジョンを掲げると同時に、アルカイダが掲げる国際的なジハードに参戦するというグローバルなビジョンを強く持っていたため、ASGの活動はその両局面を反映したものとなっていたとされる。例え

ばASGは、ビンラディンの義兄、モハメド・ジャマル・ハリファからの資金援助を受けていたとされる。ASGが関与した事件としては、1995年のクリントン元大統領とローマ法王ヨハネパウロ二世暗殺未遂事件、マニラとバンコクにある米国大使館爆破テロ未遂事件、フィリピン航空434便爆破事件などが挙げられる。

　しかし、1998年にアブドラザク・ジャンジャラニが比軍の掃討作戦で殺害されて以降は、弟であるカダフィ・ジャンジャラニがジハード路線を継承し、JIのドゥルマティンやMILFの強硬派メンバーとの関係を強化するなどしていたが、2006年にカダフィ・ジャンジャラニも殺害されたこともあり、今日ASGのグローバルジハード指向は依然と比べ弱まったとされる。またフィリピン軍による掃討作戦の連鎖により、多くのASGメンバーが殺害された事もあり、今日は組織としてもかなり弱体化している。フィリピン当局によれば、現在ASGの構成員は100人〜300人程度とみられ、中央集権的な体系ではなく、各グループや個人が独立して麻薬密輸や違法伐採、海賊行為、身代金目的の誘拐を繰り返すなど、テロリストというよりは一般犯罪グループ的要素が強くなっている。2013年におけるASGの活動としては、11月、マレーシア・ボルネオ島付近にあるボンボン島で観光客の台湾人夫婦が襲撃され、夫が殺害、妻が拉致された事件のほか、3月には15ヶ月間拘束された後オーストラリア人が解放された事件や、12月にはホロ島で18ヶ月間の拘束の後、ヨルダン人ジャーナリストが解放された事件などがある。ASGにとって身代金誘拐により獲得した金銭は、グループの活動を支える重要な資金源となっていることから、このような外国人を誘拐する事例は今後とも続くと考えられる。

　また長く続いてきたミンダナオ紛争は、和平の実現に向けて大きく前進している。2014年1月、アキノ政権側とモロ・イスラム解放戦線

（MILF）との間でMILF側が武装解除することで合意し、2016年までにバンサモロ自治政府の樹立を実現するために社会の法整備や制度作りに入るとみられる。しかし、この当事者間による政治プロセスの進め方に反対する動きも活発化している。最も激しく抵抗している武装グループのひとつとしてBIFFの動向が懸念される。BIFFは、2011年2月にMILF強硬派であるカト司令官が分派して創設した組織で、北コタバト州やマギンダナオ州、バシラン州などを活動拠点としている。フィリピン当局の情報によると、2013年9月から、村や学校への襲撃など少なくとも48件の事件に関与したとみられ、フィリピン軍との戦闘行為激化により多くの死傷者が出ている。和平プロセスの当事者であるMILFの中でも、バシラン州のMILF幹部であるマリスタ・マランカは、和平プロセスの方向とは異なる独自路線を貫いており、フィリピン軍などからはASGを支援していると非難されている。また政権側と長く交渉に当たってきたモロ民族解放戦線（MNLF）の中でも創設者ヌル・ミスアリが率いるグループは、この和平プロセスに反対している。2013年8月、ミスアリはバンサモロの一方的独立を宣言したが、それは和平プロセスの前進を妨げかねないものであるとして、ミスアリはフィリピン軍から指名手配されている。

　フィリピンのテロ情勢は、米軍とフィリピン軍の掃討作戦によるASGの弱体化や、政権側と反政府側による和平プロセスの進展などにより、治安の改善が期待できる状況ではあるものの、小規模なグループによる誘拐や襲撃、テロなどは相変わらず発生しており、決して楽観視できる状況ではない。またシリアやイラクで活動するイスラム国の影響など、トランスナショナルな要素を兼ね備えるテロの脅威はフィリピンにも影を落としており、個人レベルでイスラム国と接触を図り、関係を構築し、フィリピン国内でテロを起こす可能性も否定できない。

一方、前述したように、フィリピンではイスラム過激派だけでなく、共産系ゲリラの動向にも注意が必要である。例えば2011年10月3日（午前9時から午後12時半の間に）、フィリピン南部ミンダナオ島の北部にある北スリガオ州Claverで、AK-47やM-16ライフルで武装した共産主義反政府武装組織「新人民軍（NPA）」のゲリラ200～300人がニッケル鉱山を襲撃し、作業員を拘束する事件が発生した。襲撃を受けたの　はTaganito Mining Corporation（TMC）、Platinum Group Metals Corporation（PGMC）、住友金属鉱山株式会社の100％子会社Taginto HPAL（THPAL）が手掛けるニッケル製造工場建設サイトの3ヶ所であった。NPAメンバーらは、フィリピン国軍の軍服と警察官の制服を着て、鉱山地域への出入り口を管理する任務に当たっていた軽武装の民間警備会社の警備員らを難なく制圧した。襲撃を受けた鉱山はいずれも僻地にあるため、以前から国軍や警察による警備が手薄な場所とされていたことから、通報で急遽そこへ駆けつけた治安部隊もゲリラの激しい反撃に遭遇して現地に接近するのに時間を要したとされる。
　フィリピンの爆発物専門家による事件後の調査によると、NPAは攻撃の際、ダイナマイトや簡易爆弾、火炎瓶を使用し、物的損害は広範囲にわたり、過去稀に見るNPAの大規模攻撃だったとみられる。
　最も大きな被害を受けたのは、日本の住友金属鉱山が資本参加する現地法人ニッケル・アジア社が運営するタガニート鉱山で、掘削機8台、ダンプ・トラック10台、掘削バージ2隻など事務所の建物がほとんど全壊したとされる。そのため、ニッケル・アジア社では同鉱山の操業の暫定的停止に追い込まれた。
　事件当時、現場では日本人計65人がプラント建設作業に従事していたが、NPAメンバーらは日本人を含む5,000人から6,000人の従業員を拘束した。幸いにも在マニラ日本大使館は事件発生日の夜までに日本人

全員の無事を確認したが、3日午後1時、NPAの幹部カ・エドロン（Ka Edron）は、北スリガオ州知事に日本人を含む従業員全員3,000人の解放と引き換えに、軍の救出作戦を中止するように要求した。そして同日午後4時、知事は警察、軍と調整し、現場から約7キロのバリケード線前で救出作戦を停止し、NPAメンバーらは、車両数台に分乗し、THPAL施設を離れ、同地域から撤退した。

　捜索後に公表された報告書によると、攻撃は非常に計画的に実行され、NPAのメンバーは攻撃対象の鉱山3ヶ所すべてについての情報を詳しく事前に把握し、どの鉱山を攻撃すべきか、またどこに爆発物を設置すべきかを正確に理解していたとされ、さらにNPAは鉱山の従業員や請負業者から前もって内部の情報を受け取っていた（内部協力者の存在）とも言われている。

　NPAは事件後、今回襲撃を実行した理由として、環境破壊、地元住民に対する非礼な待遇、そして採鉱現場で労働者を使って利益を得ていることに対して外国の会社に厳罰を与えるためだとし、また住友の代表を含む同社経営陣にこれらの点に関する協議を事前に申し入れたが無視されたために襲撃を敢行したとする声明を出した。NPA指導部はすでに2010年12月、フィリピンで操業している規模の大きい外国の鉱山会社に対する襲撃を計画していたとされる。

　またこの事件において、NPAが北スリガオ州で支援者や内通者を得ることができた背景には、同州の遠隔地域のコミュニティに対する地元政府の支援欠如があるとみられ、NPAはそのような地元コミュニティの不満を利用し、実際に地元政府に代わって、遠隔地域コミュニティに基本的な生活支援を提供していたとされる。

　これは単なる一事件に過ぎないが、同島東部地域の山間部にはNPAの活動拠点があり、従来から襲撃事件が多く発生している。以前にも例

えば2007年11月に、約150人からなるNPA部隊が同島東南部のコンポステラ・バレー地区のバナナ・プランテーション2ヶ所を襲い、1人を殺害し、さらに2008年1月には、同島中部のコタバト州にあるサギッタリウス鉱業の建物6棟に放火し、ライフル弾を撃ち込む事件を起こしている。これら襲撃の背景にも、同じように地元住民の軽視、民衆の土地搾取、環境破壊などがあるとみられる。

インドネシア

9.11同時多発テロ以降、インドネシアでは2002年10月のバリ島・ディスコ爆弾テロ事件（202人死亡、約200人負傷）以降、2003年8月のジャカルタ・米系ホテル爆弾テロ事件（12人死亡、159人負傷）、2004年9月のジャカルタ・豪大使館爆弾テロ事件（9人死亡、約150人負傷）、2005年10月のバリ島連続テロ事件（23人死亡、100人以上負傷）、2009年7月のジャカルタ・米系ホテル爆弾テロ事件（9人死亡、50人以上負傷）などが発生した。特に2002年の事件では日本人2人が、2005年のテロ事件では日本人1人が犠牲となった。

これら一連のテロ事件を実行したとされるのが、インドネシアやマレーシア、タイ南部やフィリピン南部にわたる東南アジア一帯においてイスラム国家の樹立を目指すイスラム過激派組織、ジェマー・イスラミア（JI）である。JIは1993年にアブドラ・スンカルと アブバカル・バシールによって創設され、そのルーツは1942年のオランダ統治時代に誕生した急進的なイスラム組織、ダルル・イスラム（DI）であるとされる。JIの精神的指導者であるバシールは、1970年代にDIの活動に参加したとして一時的にインドネシア当局に拘束されていたが、釈放後にマレーシアへ渡り、メンバーのリクルートや外国からの資金獲得など国際的な

ネットワーク作りに力を注いだ。そして1998年に当時のスハルト大統領が退陣したことがきっかけでインドネシアへ戻り、ジャワ島でイスラム学校を運営するなど組織や人員の拡大を目的とした過激思想の普及活動に徹した。しかし、スンカルの死亡（1999年）やバシールの逮捕（2002年、2010年）、2003年～2009年あたりにかけてテロを繰り返したヌルディントプの死亡（2009年）、アチェの武装集団を率いていたドゥルマティンの死亡（2010年）などによりJIは徐々に弱体化していき、今日組織としてはほぼ機能しなくなっているとされる。また欧米権益を標的とした一連のテロ事件の結果、罪のない多くの人々が犠牲となったが、これはイスラムの教えに反しているなどとして、JI内部でも意見や考え方の違いが顕著になり、これもJIの組織的衰退に大きく寄与した。

しかし、それによってインドネシア国内のテロの脅威が低下したわけではない。今日の国際テロ情勢は9.11同時多発テロ時とは大きく異なっており、インターネットやSNSの普及など通信のグローバル化が進展したことにより、個人がイスラム過激派サイトへアクセスすることが容易になっていることから、インドネシア国内にテロ予備兵を芽生えさせたり、自ら過激な思想に走る者が出現したりするなど、以前にはあまり考えられなかった性質によるテロの脅威が存在する。

最近では2012年9月、ジャワ島中部ソロのプロテスタント教会で自爆テロ事件が発生しており、自爆犯は事件前にオンライン上のイスラム過激主義サイトへアクセスしたとされる。またJIの後継組織とされるジャマー・アンショール・タウヒッド（JAT）も、2012年3月にバリ島で発生したJATメンバー殺害事件などを契機として、活動を活発化させており、またJATに影響を受けた個人が自爆テロを実行するケースも数件報告されている。2013年では、6月に南スラウェシ州ポソにある警察署で自爆テロが発生し、自爆犯1人が死亡し、7月と9月にはジャカ

ルタで警察官が狙われる事件が発生した。

インドネシア国内では、2013年に80人以上がテロ容疑で治安当局に逮捕され、そのうち少なくとも50人が有罪判決を受けた。その中で特記すべき事件として、5月の在ジャカルタ・ミャンマー大使館爆破未遂事件と8月の仏教寺院爆破事件が挙げられる。これら2つの事件の背景には、近年国際社会で懸念されるミャンマーの少数民族ロヒンギャの問題が影を落としている。軍事政権の終結以降も、民主的な選挙で誕生したテインセイン政権によるロヒンギャ族への人権侵害や経済格差の問題は、一向に解決の方向には向かっておらず、このような仏教徒によるムスリムへの抑圧はインターネットを通じて瞬時にインドネシア国内にも配信され、それがトランスナショナルな宗教闘争の一環としてジャカルタのミャンマー大使館や仏教寺院が被害に遭うという事件に繋がっている。

さらにアラブの春に端を発するシリア内戦の影響も、インドネシア国内に影を落としている。今日のシリア情勢がアサド政権vs世俗的な反政府勢力vs非世俗的なイスラム過激派の三角対立の様相に陥り、内戦が泥沼化し、湾岸諸国や欧州諸国をはじめ、米国やオーストラリア、中国などから多くのジハーディストが流入していることは周知の事実であるが、その中にはインドネシアから渡った者もいる。シリアで活動するイスラム過激派の軍事キャンプで訓練を積み、人的ネットワークを確立した個人がインドネシアへ帰国し、テロ攻撃を試みるリスクがある一方、シリアやイラクで活動領域を拡大し、アルカイダ以上の存在になったとされるイスラム国の影響を受け、国内の過激派分子がイスラム国とのパイプ（リクルートや資金など）を構築し、財政的、組織的関係を強め、国内で無差別なテロを実行する潜在的な脅威もある。

インドネシア国内には、今日JIのようなテロ組織は存在しない。しか

し、残ったメンバーやそれを継承する小規模なグループによるテロ、またトランスナショナルな要素を兼ね備えるテロの脅威は、インドネシア国内にも十分存在しており、今後の動向も決して楽観視できるものではない。

ベトナム

　近年、ベトナムの経済成長は著しく、日本、中国、韓国、台湾や東南アジア各国などから多くの企業が進出している。その中でも隣国の中国はあらゆる分野に進出し、ベトナムの対中経済依存度は非常に高い。

　外務省の海外駐在邦人統計によると、日本人の年間渡航者数は約60万人で、約1,300社の民間企業がベトナムに進出しており、企業関係駐在者は約6,000人に上る。今日の日越の外交関係は非常に良好で、今後さらに2国間の経済交流はさかんになることが予測される。

　そのような中、2014年5月4日、ベトナム沖南シナ海上のパラセル諸島（西沙諸島）において、中国が石油掘削活動を開始したことに端を発し、中国とベトナムの艦船同士が衝突する事態が発生した。それにより両国の外交関係は悪化し、ベトナム国内では5月10日以降、大都市ホーチミン近郊のビンズオン省等各地で反中デモが発生した。特に5月13日、ビンズオン省の工業団地における反中デモでは、デモ隊の一部が暴徒化し、中国企業の工場施設や事務所内の物品が破壊され、また多数の中国人が死傷することとなった。さらにその近隣の日系企業の工場敷地内でも正面ゲートや窓ガラス等が破壊される行為が発生し、暴徒が工場周辺を取り囲んだため、日章旗を正門に掲げ中国企業ではない等のアピールをしたものの、結局企業関係者の脱出が困難になるなどの状況に陥ったとされる。

ベトナム、中国ともその西沙諸島の領有権を主張しているが、この問題は今に始まった事ではなく、例えば中国は1950年代には同諸島の東側を実効支配し、ベトナム戦争直前の1974年からは諸島の全域を支配するに至っている。また1979年のベトナムによるポル・ポト政権の崩壊や1970年代の南沙諸島周辺での海底油田発見などが要因となって勃発したとされる中越戦争もあり、ベトナムの中国への不信感と警戒心を中心とする反中感情は以前から高いものがあったといえる。さらに、近年の中国のベトナムへの経済進出を背景に、労働階級での劣等意識と積年の裕福な華僑に対する反感も加わって、特に若者の反中感情も根強いとされる。

　ベトナムにおける反中デモは2000年代から続いているが、ベトナムには公安条例等の集会・デモを取り締まる法律がなく、自由に抗議行動をすることは可能だ。公安当局はデモを監視しているものの、過去のデモでは強制的に排除する事態はごくわずかであった。社会主義のベトナムでは、近年自由化が進められている反面、住民や労働者には本当の自由はまだないという意識が根強く、公安当局にとってはこうした事態に発展することが想定できていなかったのかもしれない。どちらにしても、今回の大規模なデモにおけるターゲットは中国企業であったが、住民でも暴徒に転じれば無差別化は避けられず、直接ではないにしろ日本企業もその被害に巻き込まれるリスクがあることは十分念頭に置く必要があろう。

タイ

　昨今東南アジア諸国の経済発展は著しいが、その中でもタイは今後の日本経済にとって最も重要な国家のひとつと言える。首都バンコクは今

日では東南アジアのハブとまで言われるほどで、経済的な多くの可能性を秘めており、多くの日本人が駐在している。

しかし政治的なリスクからみた場合、近年のタイ政治は非常に不安定で多くの問題を抱えており、バンコクではデモや暴動などが発生し、日本人駐在員の生活にも影響を与えている。

例えば2013年11月以降、最大野党・民主党や反タクシン元首相派諸団体は、2010年の政治的対立に伴う暴動事態で刑事犯となった被告や服役囚などに恩赦を与える「恩赦法案」に反対して、バンコク中心部の民主記念塔など各所で座り込み集会を継続し、一時はゼネストを呼びかけるなど反政府運動を激化させた。恩赦法案は国外逃亡中のタクシン元首相の帰国につながる可能性があり、また民主党や反タクシン派だけでなく、インラック現政権の諸政策に不満を持つ一般市民も多数参加したこともあり、反政府集会・デモは近年でも最大規模のものとなった。そうした反対もあり、同案は11月11日上院において全会一致で否決され、インラック首相が実質的に廃案を了承し、恩赦法案の反対運動は一段落するかにみえた。しかし、民主党や反タクシン派諸団体が民主記念塔を中心に継続してきた集会・デモは「タクシン一族政権（＝インラック政権）打倒」へと目標を転換・拡大し、11月24日には、デモ隊は最大10万人にまで拡大した。そして反政府集会を主導する民主党のステープ元治安担当副首相（同党副党首、下院議員を11月12日に辞職）が、同26日の集会で「政府を機能マヒに陥らせ、政権打倒は3日間で終結する」と号令を発したことを受けて、集会参加者はその後、政府機関に向かってデモ行進を実施し、敷地を占拠あるいは包囲するまで行動を過激化させた。

一方、現政権を支持するタクシン派の大衆団体である「反独裁民主戦線」（UDD）、通称「赤シャツ隊」もバンコク郊外のサッカー競技場で

一時は最大10万人規模の集会を開いて反政府デモ隊に対抗する動きをみせた。しかし、11月31日夜から12月1日未明にかけて、同競技場に近いラームカムヘーン大学周辺で、反タクシン派とタクシン派との衝突が発生し、双方で3人が犠牲となり、70人以上が負傷したことを受けて、UDDの議長は政府支持集会の解散を宣告した。しかし12月2日にも、バンコク官庁街の首相府や首都圏警察本部の周辺などでデモ隊と警官隊の激しい衝突で発生し、双方で150人ほどが負傷したとされる。

　そして2014年1月になってもこのようなデモは続き、同13日には"バンコク封鎖"なる抗議行動が開始された。これはバンコク市内中心部の主要交差点や道路を封鎖し、政府施設に向け行進、同施設を包囲・占拠するなど首都機能を停止させようとするもので、首都封鎖初日には15万人以上が参加したとされる。しかしそれ以降、反政府デモ隊に対する手榴弾や銃撃による事件が相次いで発生し、多くの負傷者が出た。

　これらバンコク封鎖の抗議行動や治安対策として、インラック政権は1月22日、首都バンコク全域、および隣接のノンタブリー県、スワンナプーム国際空港があるサムットプラカーン県バンプリー郡、パトゥムターニー県ラートルムケーオ郡に対し、非常事態宣言（同日から3月23日までの60日間にわたる）を発動した。バンコクで非常事態宣言が発令されるのは、2010年4月に、タクシン元首相派による当時のアピシット政権に対する反政府運動に対処するため、アピシット前首相がそれを発令して以来となった。

　そしてタイにおいては南部のイスラム過激派の動向にも注意が必要だ。特に21世紀に入ってから、タイ南部3県（パッタニー、ヤラー、ナラティワット）でイスラム分離独立主義系過激派の活動が活発化し、軍や警察署への襲撃事件、空港や市場、歓楽街等での爆弾テロ事件などが後を絶たない。外務省の情報では、2004年からの10年間で6,000名近く

が死亡したともいわれる。南部のイスラム過激派の実態についてはよく分からない部分も多いが、南部で「パタニー王国」の復活を標榜するイスラム分離独立派武装組織のほか，地元マフィア等の犯罪組織の関与も指摘されている。またインドネシアでテロを繰り返してきたジェマー・イスラミアとタイ南部のイスラム過激派との関係も指摘する声もあり、今後ともタイ南部におけるテロ情勢には注意する必要がある。

マレーシア

　マレーシアは東南アジア諸国の中でも治安が良いとされる。例えば2010年のマレーシア政府の統計によると、1年間に発生した殺人事件数は487件で、人口10万人当たりの発生率は1.77となっている。同じ2010年の統計比較で、タイの5.3（3,654件）よりははるかに良好だが、日本の0.4（465件）やインドネシアの0.4（1,058件）よりは高い数字となっている。強盗についても同様に、マレーシアの10万人当たりの発生率は4.85（1,333件）で、日本の3.2（4,029件）よりは高い。

　このような比較的治安が良いと判断させるような犯罪統計もあってか、近年会社を退職した日本人夫婦の長期滞在先としてマレーシアは非常に人気が高い。しかし最近でも日本人がマレーシアで犯罪に巻き込まれるケースが多く報告されている。例えば、南部ジョホール州で日本人男性が路上強盗に遭って現金を強奪され、クアラルンプール近郊では、銀行帰りの日本人女性が犯罪者に声をかけられ、注意をそらした一瞬の隙に車内から現金を奪われたり、またバイクのひったくり被害に遭い、バッグを盗まれただけでなく転倒により大怪我をしたりするケースなどが報告されている。さらにインターネットを通じた架空の結婚話に騙されマレーシア入りした日本人男性が、ナイジェリア人等の犯罪グループに身

代金目的で誘拐されるといった事件も発生している。

　このような事態を受けて、警察当局もクアラルンプール周辺での侵入強盗や路上強盗の増加傾向を認識した上で防犯強化に乗り出し、例えば深夜のパトロールを強化する方針などが打ち出された。またクアラルンプールに隣接したセランゴール州では、犯罪組織や犯罪者に対する一斉摘発を実施し、緊急措置の超法規的な手段として、十分な容疑なしに不審者の勾留を行うなどしている。

　治安悪化の要因は定かではないが、マレーシア経済との直接的な関連性は余り考えられない。昨今は輸出減少傾向によるのか、GDPが5％台から4％に減少しているものの、その他の指標には大きなマイナス要素は見られない。鉱工業生産と海外からの投資は引き続き増加傾向で、失業率も3％台で推移しており、大きな変化は見られない。一方マレーシア国内の強盗や侵入犯にはインドネシアやバングラデシュ、ミャンマーやベトナムからやってきた多くの外国人も含まれていることから、警察当局による不法滞在者に対する取り締まりも強化されている。このような周辺各国からやってきた外国人による犯罪が増加する背景として、その根底にはブミプトラ政策（マレー人優遇策）に基づくマレー系国民への政府の保護策や、経済活動を牛耳っている華僑系マレーシア人と比べ、こうした海外からの出稼ぎ労働者との格差も問題がある。収入は低く、身分も安定していないことから、犯罪に走るものが出てくることは否定できない。貧富の格差は、経済発展に伴い少なからずマレーシアの国民の間でも広がりを見せ、犯罪発生の要因ともなっている。

　一方、マレーシア国内では大規模な爆弾テロなどは発生していないが、2001年に米国で発生した9・11テロの計画に関する謀議がクアラルンプール市内で実施されたことが判明している。また、インドネシアやフィリピン、タイ南部などでテロを実行するイスラム過激派にとって、マ

レーシアは連絡拠点や首謀者など関係者の潜伏先となってきた。こうした背景もあって、治安当局は長年テロ取締りを強化しており、その分マレーシア国内におけるテロ組織の活動は制限されてきた。しかし国内におけるテロリスト、テロ分子の動きは密かに続いており、例えば、マレーシア警察の対テロ部隊が2013年4月末から実施してきたテロ組織に対する摘発作戦では、6月末までに計19人の組織メンバーが逮捕された。その中でも4月28、29日の摘発作戦では10人を逮捕し、政府官庁や重要施設の所在地地図、これら建物の見取図、国際テロ組織の旗等を押収した。後の記者会見で同国内相は、同組織がJI（ジェマーイスラミア）と関係があるとの見方を示した。また6月13日にサバ州内で逮捕された3人はイスラム国の活動に合流する計画を立て、そのうち1人はフィリピン南部を拠点とするイスラム過激派アブサヤフ（ASG）の軍事基地でテロ訓練を受けていた。また、すでにシリアに渡ったマレーシア人の若者らがフェイスブックやツイッターなどのSNSを駆使して、若者のシリア行きの勧誘を積極的に行っていたことも判明している。さらに、5月26日、イラク西部のSWAT部隊本部に自爆テロを敢行したのはマレーシア人であったとされ、7月2日にはジハーディストをシリア、イラクに送り込む活動に関与していたとして大学准教授ら5人が指名手配された。治安当局は、シリアにいるマレーシア人を特定済みとしており、新規のシリア渡航者が出ないよう、厳重な対策を講じているとしている。しかし、グローバル化が進んだ今日においてそれがどこまで機能するかは不透明といえる。

　その一方で、国内において、外国人の国際テロ組織メンバーの逮捕も明らかになっている。5月8日、治安当局は国際手配されていたソマリアを拠点とするアルカイダ系イスラム過激派アルシャバブのメンバー1人を逮捕した。当局ではアルシャバブ・メンバーの外国人6人の行方を

追っていたとされ、一部の者はすでに出国しているが、彼らはマレーシアに拠点を構築する準備をしていたという。

今後シリアやイラクへ渡り、豊富な軍事訓練を受けたジハーディストたちがマレーシアへ帰国し、国内でテロ活動を活発化させる可能性に、当局は重大な懸念を抱いている。またそのようなジハーディストは各国のジハーディストと国際的なネットワークを確立していることも考えられ、東南アジア一帯におけるテロネットワーク網の創設を目指すこともあり得る。最近ではイスラム国の影響力やブランドの向上により、マレーシアやフィリピン、インドネシアでイスラム国を支持する小規模な組織や個人が徐々に出現していることから、再びJIのような組織が東南アジアに台頭してきてもまったく不思議ではない。

ミャンマー

ビルマ連邦建国後、1962年にネ・ウィン将軍によるクーデターが発生し、1988年まで軍事独裁体制が敷かれたが、1988年にアウン・サン・スー・チーが主導する民主化運動が活発化し、同将軍は退陣に追い込まれた。しかしその翌年にソウ・マウン将軍率いる軍によるクーデター再び発生し、スー・チーは自宅軟禁され、2007年まで軍主導の政治体制が続いた。

2007年に首相に就任したテイン・セインは軍出身であったが、民主化を積極的に推進し、2011年には半文民政府に権力を移譲し、政治的・経済的改革に着手した。2011年末にはスー・チーの軟禁を解除し、スー・チー率いる国民民主連盟（NLD）も政党として正式に認められた。

ミャンマーはビルマ族が68％を占める一方、シャン族９％、カレン族７％、ラカイン族3.5％、モン族２％、カチン族1.5％など多くの少数

民族を抱える言わば多民族国家であり、このような少数民族の中には、カチン独立軍（KIA）、カレン民族解放軍（KNLA）など独自の武装組織を保持している民族もある。また2010年にヤンゴン市内で爆弾事件（死者10人、負傷者168人）を起こしたとされる反政府組織、ビルマ学生戦士（VBSW）、さらにはイスラム系反武装勢力アラカン・ロヒンギャ民族機構（ARNO）等も存在している。

　タイ国境付近では、カレン民族同盟（KNU）や、シャン州軍南部方面軍（SSA-S）が、爆弾テロやバス襲撃事件を起こしていたが、新政権との和平協議が進展し、2012年1月にミャンマー政府とカレン民族同盟との間で停戦が合意されるなど、治安情勢は安定化に向かっている。

　一方、イスラム系武装勢力であるARNOについては、バングラデシュと隣接するラカイン州に全人口の4％を占めるイスラム教徒のほとんどが居住しており、同州内で仏教系のビルマ族との間で抗争が激化し、多くのムスリムが犠牲になるなど現在も事態は深刻化している。またイスラム国の台頭と影響力拡大に伴い、アルカイダがインドやバングラデシュ、ミャンマーなどを中心とする「インド亜大陸のアルカイダ」なるものの創設を宣言したことで、実際そのような組織があるかないかは別として、それに便乗するように新たな過激派グループが台頭し、ミャンマーのテロ情勢に新たな影響を与えることも否定できない。

　一方、外務省統計によると、首都ヤンゴン地域における2011年の犯罪発生（認知）件数は、殺人155件、強姦145件、強盗47件、誘拐2件であった。これに対し、同年に東京都内で発生した殺人事件は117件で、強姦178件、強盗565件、略取誘拐・人身売買6件となっている。ヤンゴン（2007年人口：408万8,000人）と東京（現在の人口：1,321万6,221人）の人口比を勘案すると、ヤンゴンの犯罪発生率は東京と比較して概ね殺人は4.2倍だが、強姦は0.3倍、強盗は0.4倍、誘拐1.1倍であ

り、発展途上国の大都市としては犯罪の面ではかなり安全であることがわかる。しかし、犯罪統計には報告されない事件も多数あり、実際的には様々なリスクが存在することを念頭に置くべきだろう。

インド

　2014年5月16日に行われた、インド下院総選挙（定数543議席）で、これまで最大野党であった、ナンドレラ・モディ率いるインド人民党（BJP）が単独で過半数を超える282議席（52％）を獲得し、モディは5月26日に正式にインド第15代首相に就任した。

　インドは1947年の英国からの独立以来、ネルーやガンジー一族の率いる国民会議派が政権を担当してきた。1980年代にインド人民党が結党されて以来"ヒンドゥー・ナショナリズム"を標榜して議席を増やし、1998年の総選挙では初めてインド人民党が179議席を占め第1党となった。2004年の総選挙では国民会議派が巻き返し第1党となったものの、議席数145議席で過半数には遠く及ばず、60議席を占めた共産党や他党との連立により政権を担当してきた。国民会議派連立政権の1期目は、好調な経済に支えられて高い評価を得たものの、2期目に入り足並みの揃わない連立政権の弊害もあり、必要な経済改革も進まず、経済成長率も低下したことで、国民の間に不満が拡がった。このような状況の下、モディは西部グジャラート州の経済改革で実績を上げ、「輝けるインド」をスローガンに、若者や都市住民を中心にカリスマ的人気を集めてきたもので、今回インド人民党が単独過半数を占めたことにより、長年続いた連立・多党コンセンサス政治に終止符をうち、スムーズな政策決定と、前政権ができなかったインド経済改革の加速、年率8～9％増の高度経済成長を期待されている。しかしながら、州レベルでの経済

改革を成功させたモディ首相が、世界経済のダイナミックな動きの中で、巨大なインド全体の経済改革をどこまで推進できるのかには多くの課題が山積している。

　一方治安上の観点から言えば、モディ政権の誕生により、インディアン・ムジャヒディンなど国内のイスラム過激派の活動がエスカレートする懸念もある。周知のとおり、インドは12億人（今後さらに増える）を抱える南アジアの地域大国であるが、総人口のうちヒンドゥー教徒は80.5％を占め、続いてイスラム教13.4％、キリスト教2.3％、シーク教1.9％、仏教0.8％と続く。それでも、インドには1億6,000万人以上のイスラム教徒がおり、インドネシア（約2億人）、パキスタン（約1億7,000万人）に次ぐ世界第3位であり、これら3ヶ国にバングラデシュ（5,000万人）を合せたアジアのイスラム教徒は5億8,000万人を超え、南アジア・東南アジアは世界で最もイスラム教徒の多い地域と言える。

　しかし、インド国内では多数派ヒンドゥーとイスラムの衝突は絶えず発生し、今後も多くの課題がある。例えば2002年、グジャラート州でヒンドゥー教徒とイスラム教徒の間で大規模な衝突が起こり、1,000人から2,000人とされるイスラム教徒が殺害されたが、当時同州の首相であったのがモディであり、モディ自らはそれに関与しなかったものの、側近が事件に関与していたとされる。モディ首相はバングラデシュからのイスラム教徒の不法移民に対して強硬姿勢を打ち出しており、また、インド人民党は1992年に暴徒化したヒンドゥー教徒が破壊したイスラム寺院跡にヒンドゥー寺院建設を表明している。今後、インド人民党・モディ政権が"ヒンドゥー・ナショナリズム"を必要以上に前面に打ち出すことによって、ヒンドゥー教とイスラム教の宗教対立がエスカレートし、イスラム過激派によるテロが激化することが懸念される。

　近年でもニューデリーやムンバイといった大都市では、イスラム過激

派によるテロが断続的に発生しており、ここ10年で発生した主なテロとしては、2005年ニューデリー連続爆弾テロ（死者59人、負傷者210人）をはじめ、2006年ムンバイ列車爆破事件（死者200人、負傷者714人）、2008年ムンバイ同時多発テロ（死者165人、負傷者304人）、2008年ニューデリー連続爆弾テロ（死者24人、負傷者97人）、2008年グジャラート州爆弾テロ（死者29人、負傷者100人以上）、2011年ムンバイ市場爆弾テロ（死者18人、負傷者130人以上）、2011年ニューデリー裁判所前爆弾テロ（死者11人、負傷者76人）、2010年西部プネ市レストラン爆弾テロ（死者17人、負傷者55人）、2013年ハイデラバード爆弾テロ（死者13人、負傷者83人）、2014年チェンナイ中央駅爆弾テロ（死者1人、負傷者14人）などがある。

またインドではイスラム過激派以外にも、例えばインド共産党毛沢東主義派（マオイスト）によるテロや襲撃も断続的に続いており、インド東部のチャッティスガル州とジャルカンド州を中心に最大1万5,000人の規模で武装強化をしていると言われている。

今後インドは日系企業の開拓地としてさらに多くの企業が進出することが予想されるが、経済から見たインドとは違い、国内には経済格差の拡大、インフラの未整備、多数派ヒンドゥーと少数派との宗教・民族対立など多くの問題を抱えており、治安上も懸念すべきポイントも多い。インド国内でのテロが日本を直接の標的となる可能性は現実的には低いが、大規模なテロに巻き込まれるリスクは十分あることから、今後のインド情勢に注視する必要がある。

日本（テロの事例）

日本が直接狙われたテロでありながら、日本国内で知る人は極めて少

ないテロ（未遂）事件にボジンカ計画がある。アメリカで起きた9.11の米国同時多発テロの原型であったとも言われる。その被害規模は、9.11に匹敵する、あるいはそれ以上の被害をもたらしただろうと思われる超大規模テロ計画である。このテロは、「ボジンカ計画」と名付けられていた。幸いにも、テロ自体は、実行直前に起きた出来事から未遂に終わっている。しかし実行に向けての準備や実験は周到に、かつ着々と進められていた。

テロの計画の概要は、アジア発アメリカ行きの民間航空機11機を乗っ取り、10機は太平洋上で爆破し、1機を米国ワシントンDCの近くにある中央情報局（CIA）本部に突っ込ませる、というものであった。ハイジャックされる11機の航空機のうち5機は日本発である。テロの決行予定日は、1995年1月21日、22日であった。テロが予定通りに実行されていれば、どうなったであろうか？「テロ計画が発覚して良かった」と、心底思う。ジャンボ機隆盛の時期である。国際線仕様のジャンボ機だと、1機に350〜400人くらいが乗る。11機全体では4,000人近くが犠牲になる計算だ。日本からアメリカに向けて飛び立つ5機の飛行機には、約2,000人の乗客が乗る。ボジンカ計画は、これだけの人を一瞬にして吹き飛ばすという計画であった。

もしテロが計画通りに実行されていたら、と考えると恐ろしい。1995年1月21日と言えば、日本では警察、自衛隊をはじめ、日本国中の人々の注目は、1週間前に発生した阪神・淡路大震災の現場に注がれていた。

1995年1月17日の早朝、阪神淡路大震災が発生し、6,400人以上の命を奪った。警察も自衛隊も震災発生と同時に神戸、淡路の震災現場に出動した。全国の警察や駐屯地から、警察官や自衛隊員が現場に駆けつけ、犠牲者の捜索・救出・復興活動に当たっていた。在日米軍の力も借

りた。しかしそれでも救助・救出作業は遅々としていた。都道府県警察は、被災地での救援のために警察官を派遣しなければならない。一方、このような大災害発生時には、暴動さえも起こる恐れがある。警察は、地域社会の警戒に、普段以上の力を注がなければならない。各都道府県警察の人員は限られている。当然、各地にある国際空港の警備もぎりぎりの人数の警察官で行われていたであろうと想像する。そんな最中に、時間をかけて周到に準備した手順に従って、航空機をハイジャックしようとする者がいたら？　結果は明白だ。拳銃でもガラス瓶に入ったニトログリセリンでも空港警備の警察官の警戒を容易に潜り抜けて、機内に持ち込まれたのではないだろうか。5機とも、簡単に爆弾がセットされ太平洋上で爆破されてしまったのではないだろうか？

　幸い、このテロ計画は、1994年の年の瀬も押し迫った12月24日、フィリピン・マニラ市内で起きた火災で警察の知るところとなった。火災現場が、テロリストの隠れ家であったのだ。一説には、フィリピン航空爆破事件（後述）の捜査に絡んで、1995年1月6日にマニラ市内のある場所を捜索されて発覚したとも言われているが、真相はわからない。

　火災現場に飛び込んだ警察官が1台のコンピューターを見つけた。コンピューター内にはテロの全容が記録されていた。

　ボジンカ計画の首謀者はラムジ・ユセフという、クウェート生まれのイスラム過激派アルカイダのメンバーで、ニューヨークの「世界貿易センター（WTC）爆破テロ」（1回目）の主犯として国際手配されていた男だ。ユセフは、アルカイダのメンバーで、ウサマ・ビン・ラディンとも極めて親しい間柄だった。彼は、二棟がツインになっていたWTCのI棟（北）ビルの地下に爆薬を仕掛け、同ビルを南側に倒し、II棟（南）ビルに寄りかからせ、WTCの2棟を同時に倒壊させようとした。1993年2月26日、ニトログリセリン、尿酸、アジ化マグネシュウム、

アルミニュウムなどの爆薬を混合した600キログラム以上の爆薬がライト・バンに積みこまれ、WTCの地下駐車場に運び込まれた。爆薬は予定通りに爆発した。6人が死亡し、1,042人が負傷した。

しかし、セットした爆薬の量が少なかったためか、あるいはマンハッタンの岩盤の上に立つビルが予想以上に重かったせいか、貿易センタービルの倒壊は起きなかった。計画が失敗したことを知ったユセフは、数時間後に国外逃亡した。逃亡先は、ビンラディンのいたパキスタンである。ユセフの下で実行犯として働いたニダール・アイヤード、イマード・サーリムなどは米国内で逮捕された。

パキスタンに逃亡し、しばらく身を隠していたユセフは、フィリピンに現れた。彼は、そこでWTC爆破に勝る大規模なテロの計画に着手した。それがボジンカ計画だ。ユセフは用心深い男である。新しく立てたテロ計画のために、現地調査、実験を繰り返し行っている。日本を訪れ成田空港の警備状況の点検もした。彼は、また、1万メートル上空の航空機の中で、腕時計を使ったタイマーが、設定どおりに作動し爆発が起きるかの実験も行った。1994年12月11日、ユセフは、マニラ発セブ経由成田行きのフィリピン航空434便に搭乗した。彼の持ち物には、ビンに入った水溶液（ニトログリセリン）が隠されていた。搭乗口までのチェックをうまく通過し、機内に入ったユセフは、隠して持ち込んだニトログリセリンやバッテリーを、機内のトイレで組み立てた。座席に戻ると、今度は、座席下のライフジャケットの位置に、組み立てたばかりの爆弾と時限装置をセットした。何回も席を立ってトイレに入ったり、急いで自席に戻って座席の下をまさぐっているところを、スチュワーデスに目撃されている。

ユセフはセブで434便から降りた。434便は、予定通りにセブを飛び立ち、成田に向かった。セブを出て3時間後、高度31,000フィート（お

第5章 アジアの治安情勢とビジネスリスク 171

よそ9,000メートル)の上空を航行中であった434便で突然爆発が起きた。日本時間の午前11時43分、434便の26Kの席で爆発が起きたのだ。爆破は乗客もろとも座席を吹き飛ばした。その座席に座っていたのは、24歳の日本人男性であった。即死である。26Kの近くの座席に座っていた乗客10名も負傷した。ボジンカ計画テロの準備段階における被害者である。客室乗務員は犠牲者に毛布をかぶせたが、爆航空機の床は、爆発により約50×40センチの穴が開いていた。434便は1時間後に、那覇空港に緊急着陸した。爆破された座席は26K、通常は、ボーイング747の胴体燃料タンクの真上であった。ユセフは燃料タンクを爆破し、機体を空中爆発させることで多くの乗客の命を奪うつもりであったと考えられる。

　その後の捜査で、爆発は、腕時計を使った時限装置によるものと判明。爆弾に使用されたニトログリセリンはコンタクトレンズの洗浄液に偽装され持ち込まれた。当時は空港のセキュリティチェックは金属探知機くらいしかなかった。フィリピン警察は爆弾に使われたバッテリーを手がかりに犯行グループを追い詰め、マニラにあったアルカイダ系グループのアジトを1995年1月6日の夜から翌朝にかけて急襲。ボジンカ計画と名付けられたテロ計画が暴かれ、未然に防止された。首謀者・ユセフは1ヶ月後に、再び舞い戻ったパキスタンのイスラマバードのゲストハウスに潜伏しているところをアメリカとパキスタンの諜報機関(ISI)によって逮捕された。このテロに関し、1995年3月20日フィリピンのマニラで、日本・フィリピンの警察の合同捜査会議が開かれた。その日、奇しくも日本では、オウム真理教による地下鉄サリン事件が起きていたのである。

オウム真理教地下鉄サリン事件

　1995年3月20日、地下鉄霞ケ関駅を中心に起きた、オウム真理教（当時：現在はアレフに改組）による「地下鉄サリン事件」を覚えておられる方も多いと思う。

　この事件は、世界の、人口の密集する大都市で、初めて生物兵器（B）、化学兵器（C）、を使ったテロ事件とされている。テロは、年度末を控えた、3月20日月曜日の早朝、霞ケ関駅を通る地下鉄電車を狙って敢行された。東京メトロ（当時営団地下鉄）丸ノ内線、日比谷線、千代田線の3路線の地下鉄車内で、神経ガス「サリン」が散布されたテロである。乗客や駅員ら13人が死亡し、6,300人がガスを吸い込んで傷害を受けた。

　狙われた地下鉄霞ケ関駅は、国の官庁が集中する地域である。霞が関の省庁に勤める公務員のほとんどが、この3つの地下鉄路線のいずれかで通勤している。

　ここに勤める国家公務員は朝9時少し前に霞ケ関駅で降りるが、警視庁に通う警察官と警察職員は、朝の8時30分ころ、霞ケ関駅で降りる。それゆえ、オウムのテロは警視庁の警察官・警察職員を狙ったものとも言われている。朝8時21分、「地下鉄車内で大勢の乗客が倒れた」との110番通報を受けた警視庁鑑識課員が、テロの現場に急行した。臨場した鑑識課員は、ただちに現場検証を開始し、電車内に残されていた液体の残渣を押収した。その残渣は、警視庁の科学捜査研究所へ持ち込まれた。科捜研の検査で、有毒神経ガス「サリン」と鑑定された。鑑定結果は、ただちに開かれた捜査一課長の緊急記者会見を通じて関係各機関に伝達された。医療機関は化学兵器サリンへの医療対応を開始した。前年

に長野県松本市で発生した「松本サリン事件」の対応経験が大きく貢献した。

事件から2日後の3月22日、警視庁はオウム真理教に対して強制捜査に入り、教団の幹部を逮捕した。逮捕された幹部の1人、林郁夫の自供を基に、全容解明にあたった。5月16日に教団教祖の麻原彰晃が逮捕された。このテロでの逮捕者は40人近くに及んだ。

裁判では、首謀者麻原彰晃、村井秀夫、遠藤誠一、井上嘉浩の4人の間で共謀が成立すると判断され、林郁夫を除く実行犯全員と麻原彰晃に死刑が言い渡された。なお、2012年（平成24年）6月15日、この事件で警察から特別手配されていた高橋克也が逮捕され、地下鉄サリン事件で手配されていた容疑者は全員逮捕された。事件5日前の3月15日に霞ケ関駅の「Ａ２」出口に置き去りにされた3個のアタッシュケースから、蒸気が噴出するという事件が発生していた（霞ケ関駅アタッシュケース事件）。事件直後には、何のためアタッシュケースから蒸気が噴出していたのか説明できなかった。しかしその後の捜査で、これもオウム真理教の幹部たちによって行われた、「猛毒のボツリヌス菌」散布事件であったことが判明した。アタッシュケースの置かれていた「Ａ２」出口は、警視庁や警察庁の警察官らが利用する出入口であった。

このテロは、日本において戦後最大級の無差別殺人行為である。また、前年の1994年（平成6年）に長野県松本市で発生したテロ事件（松本サリン事件）とともに、大都市で化学兵器が使用された史上初のテロ事件とされる。日本国内はもちろん、全世界を震撼させ、世界中の警察、軍、法治機関係者を驚愕させた。

日本では、「刑事事件」として扱う向きが多かったが、海外では「テロ」として大々的に扱われた。世界の国々からテロ研究者が日本に送り込まれ、調査・研究に当たった。諸外国の軍隊マニュアルでは、現在も

化学テロの事例として扱われているが、当の日本ではどうだろうか？日本では、すでに人々の脳裏から忘れさられようとしている。テロ事件に対する日本と海外の間で対応・反応差が大きい。これも日本人の「テロに対する国民性」を表すものであろうか？

第 6 章

中東・アフリカの治安情勢と
ビジネスリスク

イラク

　イラクとシリアに跨るイスラム国（IS）の台頭は、アルカイダを中心とするイスラム過激派の動向の歴史の中でも見られなかった現象だ。アルカイダが目指していた領域的なイスラム国家（一般的な国家ではない）を、発展途上ながらもISが実現したことは、国際的なテロ情勢に大きな影響を与えた。ISは2014年6月、指導者のアブ・バクル・アル・バグダディが一方的に建国を宣言したもので、その前はイラクとレバントのイスラム国（ISIL）という名前であった。またISILという組織名も、2013年4月に当時の「イラクのイスラム国」（ISI）から改名されたもので、組織の指導者もバグダディで変わらない。またそのISIも2006年10月に誕生したもので、その由来は「イラクのアルカイダ」（AQI）にあるとされる。ISIとAQIは歴史的繋がりや標的、活動拠点、メンバー構成などを見ると、多くの共通点があることから、同じ組織と見るのが一般的である。

　AQIは、イラク国内でカリフ国家創設を目標とするイスラム教スンニ派武装勢力で、2004年4月にヨルダン人アブ・ムサブ・ザルカウィによって設立された（2004年10月にビンラディンへの忠誠を宣言）。AQIのテロ活動は2003年のイラク戦争以降活発化し、国連職員のイラクからの撤退を余儀なくされた2003年8月のイラク国連事務所爆破テロ事件や2004年10月の日本人青年殺害事件などは、AQIの脅威を国際社会や日本へ示すものとなった。その後もAQIによるテロ攻撃は首都バグダッドをはじめ、モスルやティクリート、ファルージャなどイラク北・中部を中心に発生し、さらには2005年8月のイスラエル・アカバ湾に停泊中の米軍艦を狙ったロケット発射事件や同年11月のヨルダン・

アンマンにおけるホテル爆破テロ事件などイラク国外にも拡がった。

　このようにAQIの活動が活発化した背景には、①宗派対立の激化とイラク当局の統治力の脆弱化、②パキスタンやエジプト、シリア、リビアなど周辺各国からのテロリスト流入、③アルカイダ系組織を支持する国際的なイスラム慈悲団体や個人からの財政的支援、④AQIと地元スンニ派武装勢力における協力関係の構築などの要因が考えられる。しかし2006年6月に米軍の攻撃でAQIの指導者ザルカウィが殺害され、2007年には米軍が一部のスンニ派武装勢力と共に自警組織「覚醒評議会」を形成し、ISIに対する大規模な掃討作戦を開始した。それによりISIは組織的に弱体化し、イラクのテロ事件数は2006年から2007年をピークに減少傾向に転じた。しかし2011年12月の米軍撤退やアラブの春、シリア内戦などの影響もあり、ISIはバグダッドを中心に軍や警察、シーア派教徒を標的としたテロ攻撃を繰り返すなど、その活動を再び活発化させており、テロ事件数は近年増加傾向にある。

　またISILの活動には、世界各国からやってきた外国人義勇兵がISILのメンバーとして参加し、加えて国際的なイスラム支援団体や個々人からの資金援助やシリア反政府勢力穏健派から流れてきた武器やメンバーの獲得もあり、軍事的、組織的、財政的にも強い基盤を持つまでに成長した。2013年12月、ロンドンキングスカレッジのテロ研究機関ICSRから発表されたレポートによると、今日までに世界74ヶ国から1万1,000人以上もの戦闘員がシリアへ流入し、そのうち2,800人以上は欧州各国の出身者で占められるという。

　さらに2014年4月、米国務省から公表された「2013年版テロ年次報告書」によると、2013年にイラク国内で発生したテロ事件数は2,495件で、死者数と負傷者数がそれぞれ6,378人、1万4,956人となり、2012年にテロ事件数が最も多かったパキスタンを抜きワーストとなっ

第6章　中東・アフリカの治安情勢とビジネスリスク

た。また2013年にテロを実行した上位10組織においても、ISILによるテロ事件数は401件となり（1,725人死亡）、アフガニスタンのタリバンに次いで2位となっている。

　ISILによるテロ事件数が増加傾向にあるのは、イラク国内の宗派対立やシリア内戦が主な原因であり、その活動範囲もイラク北部や西部だけでなく、シリアの東部やアレッポ、イドリブがある西部にまで拡大し、軍や警察、政府権益を狙った自爆テロや車爆弾テロを繰り返している。2014年1月には、ISILが西部アンバル県のラマディとファルージャを掌握したのをはじめ、6月上旬にはイラク北部にあるモスルに攻め込み、政府庁舎や軍・警察施設、刑務所、空港などを制圧し、イラク軍兵士らが撤退したため、モスルを実質的に掌握した。その後、ISILはさらに南下を始め、タルアファルやティクリート、ラマディを制圧し、バイジへの攻勢を強め、一時イラク最大の油田施設を掌握したとされる。そして6月下旬に、ISILの指導者であるバグダディはISの建国を一方的に宣言し、全世界のイスラム教徒に対し忠誠を誓うよう要求した。

シリア

　2011年に本格化したアラブの春の影響はシリアへも及び、それ以降シリア国内は内戦状態へと陥っていった。アラブの春はチュニジアで始まり、エジプトのムバラク政権、リビアのカダフィ政権、イエメンのサレハ政権の崩壊など、数十年にわたり独裁体制を敷いてきた政権を瞬く間に崩壊へと追いやったが、その中でもシリアは最も治安情勢が深刻化した例だと言える。それは近年のシリア国内の動向をみれば一目瞭然だ。

　シリアが内戦状態に陥っていくと、アサド政権とそれに反対する自由シリア軍（FSA）に代表される世俗的反政府勢力との戦闘が激化するだ

けでなく、イラク国内で米軍やシーア派教徒を狙ったテロを繰り返してきたISI（イラクのイスラム国）が、シリア国内での勢力拡大に本腰を入れ始めたことで、シリア内戦はアサド政権、世俗的反政府勢力、ISIなどの非世俗的政府勢力の間で一種の"三角対立"が生じるようになった。また2014年にアルカイダとISIの後身組織であるイスラム国（IS）の間に対立が生じ、シリアを拠点とするアルカイダ系組織アルヌスラ（Al Nusra）もISとは別途行動し、さらにパキスタンに身を隠すアルカイダが密かにメンバーをシリアへ送り、そこで結成されたホラサングループ（Khosaran）なども活動するなど、シリア国内の勢力図は非常に複雑化するようになった。

そしてシリアの情勢においては、大国間の利益対立もあからさまに起こっている。例えば米国などはアサド政権と対立し、FSAなどに武器支援を行い、一方シリアに軍港を持つロシアや同じシーア派系統であるイラン（アサド政権はシーア派の一派とされるアラウィー派）はアサド政権を支えるなど、シリアを取り巻く大国間対立、外交環境もシリアの治安情勢を左右するファクターとなっている。

特にISIがシリアへ勢力を拡大し、ISIL（イラクとレバントのイスラム国）と組織名を変え、そして2014年6月にはイスラム国（IS）の建国を宣言して以降のシリア情勢は特に深刻化していると言わざるを得ない。ISはシリア西部のアレッポからラッカ、デリゾール、そしてイラクとの国境の東部を勢力圏に置くことに成功し、首都をラッカと定め、2014年8月の時点でシリア国内の3分の1を支配したとされる。

一方、同年9月以降、米軍とその有志連合国によるISの拠点への空爆が、アレッポ県、ハサカ県、ラッカ県、イドリブ県、デリゾール県などで行われているが、2014年11月までの時点で750人近くのIS戦闘員が死亡したが、100人程度の民間人も犠牲になったとみられる（もっと多

いとの見方も強い)。これら地域の治安は非常に不安定であり、2012年8月にはシリア北部の都市アレッポにおいて取材中の邦人ジャーナリストが銃撃に巻き込まれて死亡し、また記憶に新しい2015年1月には、日本人男性2人がISの人質になった事件が発生している。

　一方シリア東部や北部と比較して治安が安定しているかに見える首都ダマスカスにおいても、アサド政権とFASとの衝突、ISによるとされる自爆テロなども発生し、さらにイスラエル軍によるシリア国内の軍事施設に対する空爆も実施されており、シリア全土が非常に不安定な状況であり、今後も改善の見通しが立っていないことを忘れてはならない。

イエメン

　イエメンに拠点を置くアラビア半島のアルカイダ（AQAP）は、近年アルカイダ本体が弱体化する中、米国本土へのテロ攻撃を繰り返し仕掛けるなどしていることから、中東地域だけでなく、国際的な安全保障上の立場からも注視する必要がある。AQAPは2009年1月、サウジアラビア当局による厳重なテロ対策から逃れたアルカイダメンバーたちがイエメンに活動拠点を移し、イエメンのアルカイダメンバーと共同して設立した組織である。

　AQAPによるテロ事件は首都サヌアや南部のアビヤン州やシャブワ州などで目立つが、イエメン各地域で活動しているとみられ、メンバーもサウジアラビアをはじめシリア、イラクなどからも流入したとされる。イエメンではAQAPの設立以前から、その母体組織であったイエメンのアルカイダ（AQY）によるアデン湾に停泊していた米駆逐艦コールを狙った爆破テロ（2000年10月）や、イエメン沖を航行する仏タンカーリンバーグを狙った爆破テロ（2002年10月）などが発生し、また

9.11同時多発テロをはじめとするアルカイダ系の国際テロ事件に関与した被告の中に、多くのイエメン人、もしくはイエメンでテロ訓練を受けた経験がある者が含まれており、イエメンは長い間アルカイダの存続と拡大にとって重要な拠点であった。

　指導者ナシル・アル・ウハイシに代表されるAQAPの幹部たちは、過去にアフガニスタンで軍事訓練を受け、ビンラディンとともに活動していた者も多く、近年、米国はパキスタンに潜むアルカイダ本体以上にAQAPのほうがより深刻な国家安全保障上の脅威であるとの認識に立っていた。

　AQAPによるテロ事件としては、イエメンで訓練を受けたナイジェリア人ウマル・ファルーク・アブドルムタラブによるクリスマス米旅客機爆破テロ未遂事件（2009年12月）、AQAPの広告塔である米国人アンワル・アウラキから影響を受け、過激主義に目覚めた精神科医ニダル・マリク・ハサンによるアリゾナ州・フォートフッド陸軍基地銃乱射事件（2009年11月）、同じくアウラキから影響を受けたパキスタン系米国人ファイサル・シャザドによるニューヨーク・タイムズスクエア爆破未遂テロ（2010年5月）、イエメン発米国行の貨物輸送機に乗せたプリンターのカートリッジに爆薬を隠した貨物機爆破未遂テロ（2010年10月）などが挙げられる。

　このようなAQAPの国際的な攻撃性に対し、9.11同時多発テロ以来の本土でのテロ攻撃を警戒する米国は、2010年1月にAQAPをテロ組織に指定し、パキスタン・トライバルエリアで継続される無人爆撃機によるピンポイント攻撃をイエメンにおいても実施するようになった。それにより2011年9月、アウラキやAQAPが発行するオンライン雑誌インスパイアの作成において重要な役割を果たしていた米国人サミール・カーンが殺害され、インターネットを通じ新たなメンバーの獲得を目指

すAQAPの広告的機能は低下した。そして米国の無人爆撃機による攻撃やイエメン当局への軍事支援なども功を奏し、AQAPは南部を中心に重要な拠点を失っている。よってAQAP自身も信念的に欧米諸国へのジハードだけに重点を置くことはできず、自らの拠点や勢力を維持するためにも地域的な武力闘争に神経を集中しなければならない現実もある。イエメン政府と対立する地域の部族勢力や武装組織と同様に建設的な協力関係を築けるかは、AQAPの存続にとって一つの生命線となっている。

また2013年4月に発生したボストンマラソン爆破テロ事件では、その容疑者であるチェチェン系米国人はテロ事件前にAQAPが発行するオンライン雑誌インスパイアを熟読したとされる。また同年8月の中東や北アフリカにある米国大使館一斉閉鎖のケースにおいても、米国はAQAPのイエメンにある米権益を狙ったテロ計画が最終段階にあるとの声明を発表している。

よって近年のこのような情勢からも、AQAPの幹部が殺害される一方、AQAPのインターネットを使った広報戦略や現地にある欧米権益を攻撃する能力などは依然として衰退していないとみるべきであり、AQAPの動向を注視し続ける必要がある。

エジプト

エジプトでは2011年2月のムバラク政権崩壊以降、イスラム穏健派のムスリム同胞団が政権を握ってきたが、強権的かつ独善的な政治手法や経済悪化により国民から「期待を裏切った」との批判が高まった。同胞団に反発する勢力が2013年5月に反政府運動を本格化させ、2,200万人の署名を集め、モルシ大統領の即時辞任と大統領選のやり直しを要

求した。そして6月30日のモルシ大統領就任1周年を機に、大統領反対派と大統領支持派が全国で大規模なデモや集会を行い、両者間の衝突により多数の負傷者が出た。

　こうした状況下で、エジプト軍司令官を兼務するシシ国防相が7月3日、反政府デモ拡大による混乱を収拾するためとして憲法の停止を宣言し、モルシ大統領の権限を剥奪し、最高憲法裁判所長官が大統領の職務を引き継いだと発表した（軍による事実上のクーデターが発生した）。翌4日にはモルシ大統領に代わり、マンスール最高憲法裁判所長官が暫定大統領に就任し、暫定政権づくりが本格化した。これに反発するモルシ支持派は、カイロを中心に大規模なデモや座り込みを行い、反モルシ派や治安部隊と度々衝突した。そして8月14日、治安部隊はカイロで座り込みを続けていたモルシ派の強制排除に踏み切り、14日から18日にかけてエジプト各地で発生した大規模な衝突で、多数の市民が犠牲になった。暫定政権は、カイロを含む主要県で夜間外出禁止令を実施し、モルシ派の新たな抗議行動に備えて厳戒態勢を敷くと共に、11月14日には、国家の治安を乱すとみなされる場合にはデモや集会を禁止する権限を治安当局に与えるデモ規制法を施行した。

　また、エジプトのテロ情勢も近年大きく変化している。アルカイダの指導者アイマン・ザワヒリはエジプトのジハード団（ムスリム同胞団内の急進派が結成）の出身で、今日パキスタン連邦直轄部族地域（FATA）に潜伏していると見られるが、2013年はじめ、このエジプトの軍事クーデターについて、親米のエジプト軍や世俗派がモルシ氏失脚を計画し、民主主義が国家統治に失敗したことが示されたとの声明を発表し、シャリア（イスラム法）に基づくイスラム国家の樹立を呼び掛けた。一方、エジプト治安当局者は8月17日、カイロ近郊の検問所でザワヒリの弟ムハンマド・ザワヒリを拘束したことを明らかにしたが、弟は厳格なイ

スラム原理主義「サラフィ主義」系グループの指導者で、モルシ前大統領とは同盟関係にあったとされる。

　そのような中、カイロのナセルシティーにあるイブラヒム内相の自宅近くで9月5日午前、内務省に向かう内相の車列を狙った爆弾テロが発生した。内相には怪我はなかったものの、「これはテロの始まりにすぎない」と記者団に懸念を示した。本格的なテロの再来が危惧される中で、この事件については、シナイ半島を拠点とするイスラム過激派「アンサール・バイト・エルマクディス」（エルサレムの支援者）が犯行声明を出した。

　その他にも、8月19日、シナイ半島北東部のラファ近くで移動中の警官が武装勢力の攻撃を受けて死亡し、9月11日には、同じくラファにある軍の検問所付近で自動車爆弾が爆発し、兵士6人が死亡するなど軍を中心に武装勢力への掃討作戦が行われているが、治安の改善には至っていない。このようにシナイ半島では軍のクーデター後、軍や警察機関を狙ったテロが頻発しているが、同過激派によるテロ事件はカイロやその他の都市でも発生しており、エジプトのテロ情勢はより複雑化する模様を見せている。また同過激派はアルカイダやイスラム国といった国際的なテロ組織とも繋がりがあると指摘されており、十分な警戒が必要とされる。

アルジェリア

　アルジェリアは、1954年から発生した宗主国フランスの支配に対する独立戦争の結果、1962年に悲願の独立を達成した。だがその後も国内の治安は不安定で、1991年から2002年にかけてはイスラム主義勢力との衝突「アルジェリア内戦」が発生し、犠牲者は数万人に上ったとさ

れる。そして今日に至るまで権威主義的な体制を堅持する政府に対して、イスラム主義勢力の抵抗も根強く、近年中東世界に激震を与えたアラブの春も少なからずアルジェリア内政に影響を与えた。

　そのような中、2013年1月16日早朝、アルジェリア南東部・イナメナスにある天然ガスプラント施設を狙ったイスラム過激派による襲撃事件が発生し、日本人駐在員10人を含む38人が殺害された。被害者の国籍は米国や英国、フランス、コロンビア、フィリピン、ノルウェーなど多岐に渡り、また9.11同時多発テロ以降、日本人が巻き込まれたイスラム過激派によるテロ事件としては最も犠牲者数が多くなった。

　この事件を実行したグループは、AQIM（イスラム・マグレブ諸国のアルカイダ）の元幹部モフタール・ベルモフタールにより結成されたイスラム聖戦士血盟団（血盟旅団）であるとされる。ベルモフタールは1972年生まれのアルジェリア人で、イスラム聖戦士としてソ連のアフガン侵攻時に聖戦に参加した経験から、アルカイダ幹部等と深い繋がりがあるとされる。またアフガニスタンから帰国後も、アルジェリア政府軍とイスラム過激派との壮絶な内戦に身を投じ、近年はAQIMの一幹部として、アルジェリア南部やマリ北部など国家のコントロールが脆弱なサハラ砂漠地帯において欧米人を狙った身代金目的の誘拐事件に関与していたとみられる。

　AQIMは、アルジェリアのイスラム過激派である武装イスラム集団（GIA：Armed Islamic Group）を発祥とし、2007年1月に名前をAQIMに改装した組織で、その幹部たちは1979年から1989年の間にアフガニスタンで軍事訓練を積み、アルカイダ幹部たちとも繋がりがある。AQIMは2007年12月、アルジェにある国連事務所を標的とした爆弾テロ事件を発生させて以降、主にフランス人など欧米人を人質とする誘拐事件を繰り返してきたが、AQAP（アラビア半島のアルカイダ）のよ

うに米国本土を標的としたテロ事件などは行っておらず、一般犯罪的要素が強いテロ組織と言える。

　今日ではアルジェリア当局によるテロ対策の強化により組織的なダメージを受けた一方、その活動拠点はアルジェリア地中海沿岸だけでなく、アルジェリア南部やマリ北部、リビア南部、ニジェール、モーリタニアなどサハラ砂漠地帯に拡大している。特に2013年のマリ動乱ではマリ北部を実行支配するイスラム過激派アンサールディンと関係を強化し、マリ北部への拠点拡大を試み、また2012年9月11日のリビア・ベンガジ米領事館襲撃事件において犯行が疑われるリビアのアンサール・アル・シャリアや、チュニジアのアンサール・アル・シャリアなどのイスラム過激派との関係を強化し、文字通り国境を越え、より地域的なテログループへ変化している。一方、イスラム聖戦士血盟団のトップであるベルモフタールは2013年8月、モーリタニアなどを拠点とする「西アフリカ統一聖戦運動（MUJAO）」と合併し、「アル・ムラビトゥーン（Al-Murabitoun）」を組織した。

　アルジェリアを中心する北アフリカ沿岸やサハラ地域へ進出する日系企業の数は多くはないが、この一帯のテロを中心とする治安情勢は不安定で、今後も世界的なテロ情勢の影響を直接的に受けると考えられる.

ニジェール

　ニジェールはフランスの旧宗主国であり、今でもフランスが大きな影響力を持っている。仏原子力企業アレヴァは、ニジェールで現地の合弁会社ソマイール（Somaïr）とコミナック7（Cominak）を通して、アーリット州のウラニウム鉱山開発を行っている。そして近くには新しい鉱床イムラレン（Imouraren）があり、世界第4位のウラン産出国で

あるニジェールは、原子力への依存度が高いフランスにとって戦略的に重要な国となっている。

　フランスはもともと石油輸入に依存していたが、70年代の石油ショック後にエネルギー政策の転換として独立性を保つため、原子力発電を推し進めた。現在、フランスの電力のうち80％近くが原子力に依存しているが、アレヴァによるニジェールでのウラン鉱山開発は仏電力の生命線で、アレヴァの原子力の３分の１はニジェール産である。

　一方、ニジェールは世界で最も貧しい国のひとつでもあり、この恵まれた資源をニジェール人への恩恵として活かすことができず、全体として国の経済成長に繋げられずにいる。例えばニジェールでは近年でもこのような利害関係が原因とみられる誘拐事件が発生している。2010年９月、ニジェール北部アーリット（首都ニアメから北約1,200km）でフランス人７人が誘拐される事件が発生した。誘拐されたのはアーリットのウラニウム鉱山で働く、アレヴァ社とその委託企業ソジェア・サトム（VINCIグループの子会社）の従業員７人であった。後の2011年２月に３人の人質が、2013年10月に残りの４人がそれぞれ無事解放された。

　また2010年９月15日から16日にかけての夜、フランス人５人、トーゴ人１人、マダガスカル人１人の計７人が自宅で誘拐された。この７人は、仏原子力企業アレヴァの管理職の男性ダニエル・ラリブとその夫人フランソワーズ・ラリブ、そしてソジェア・サトム社の従業員５人であった。拉致を目撃した警備員によると、夜中の２時40分から３時頃、テロリストたちが５台のピックアップトラックで現れ、人数は30人～50人ほどであったとされる。また、アフガニスタン風の格好をしており、大半はアラブ人であったらしいが、何人かのタマシェク語（トゥアレグ族が話す言語）やハウサ語を話すマリ人トゥアレグ族もいたとみら

れる。このテロリストたちは、警備員を銃で脅し、アレヴァとソジェア‐サトムの従業員を強引に連れ去っていったが、その後、2011年2月24日、フランス人女性、トーゴ人、マダガスカル人の3人はニジェールで無事に解放された。

　数日後、アレヴァのスポークスマンは、「セキュリティシステムの不備、そして内部共犯者の存在がこの誘拐事件を招いた」と説明した。アレヴァのアーリットのウラン鉱山は安全性がハード・ソフト両面において厳格に実施されていることで有名であったが、この事件によりその評価が覆された。ル・モンド紙によると、アーリット州の知事、セイドゥ・ウマヌ（Seydou Oumanou）は2010年9月1日付の書簡で、アガデス（Agadez）地域、特にアーリット付近のリスクについて事前にアレヴァ社に忠告したとされる。公開されたこの書簡によると、「8月23日に8台のトヨタ車がググラム（Gougaram）付近で目撃され、この武装集団の目的は武器の強奪と外国人の拉致であったとされるが、軍に察知されたためその時は拉致を実行できなかった」という。この情報が正しいのであれば、8月23日時点でこの地域が危険にさらされていたことを示すものであったと言える。これに対して、アレヴァの広報担当ディレクターによると、セキュリティ担当幹部が現地へ駆けつけ、9月8日にニジェールの軍最高司令官、陸軍参謀長、そして防衛大臣と面会し、10日にはアーリットの知事に面会したが、特に変わった情報はなかったとしている。

　一方、2007年からアレヴァのニジェールにおけるセキュリティマネジメントを請け負っている仏セキュリティコンサルティング会社EPEEの代表、ジャック・オガー（元大佐）は、「近年この地域でアルカイダ系のAQIMなどの活動が活発化しており、アレヴァや仏政府に向けて注意を促し、この地域における危険性に対しての予防措置をとるよう呼

びかけてきたが、残念なことに私の要注意サインは軽視され、その結果2010年には大きな人質事件が発生してしまった」と指摘している。さらに同氏はこの事件について、犯人たちがアレヴァ社内の情報を持ち、社内に共犯者がいたとしている。

また、現地のセキュリティに関して警備員たちが武装していなかったことに関して、アレヴァとヴァンシの広報はこれを認めた。しかし、「それは現地の政府との協定によるものであり、民間セキュリティ会社の警備員は武装していないが、仏人社員の宿舎の周辺では軍や憲兵隊が警備を実施していた。アーリットには350人の武装した国家憲兵隊がいる」と説明している。ニジェールでは民間セキュリティ会社の警備員の武装は禁止されており、その他多くのアフリカ諸国でも同様の制度を取っている。

ナイジェリア

ナイジェリアのイスラム過激派組織「ボコ・ハラム」は、2002年に同国の北東部ボルノ州マイドゥグリで結成されたスンニ派過激派組織である。ボコ・ハラムはその目標として、ナイジェリアの世俗政府の打倒、イスラム教徒が居住する北部一帯の各州でイスラム法（シャリーア）を施行し、イスラム国家を建設することを標榜している。ボコ・ハラムはその結成以来、ナイジェリア北部のボルノ州、バウチ州、ヨベ州、カノ州などを主要活動地域とし、さらに中部のプラトー州、コギ州や首都アブジャにも活動範囲を拡大してきた。

ボコ・ハラムとは「西洋の教育は罪」という意味であるが、19世紀初頭から、ナイジェリア北東部とニジェール、カメルーン南部にまたがる地域は、「ソコト」というイスラム教カリフ（イスラム国家の指導者）

の帝国が存在していた。このソコトが1903年に英国に占領され、西洋教育を実施する学校が設立されていった。しかし、この地域に住むイスラム教徒住民らは、西洋教育に対し抵抗し、学校に通うのを拒否した。このような状況の中で、イスラム教指導者であったモハメド・ユスフが2002年にモスクとイスラム学校を合わせた施設を設立するとともにボコ・ハラムを組織化し、イスラム国家を建設する目的の下、神学校をメンバーのリクルートの拠点とし、主にボルノ州、バウチ州、ヨベ州の北部3州などでリクルートを行っているとされる。

攻撃の対象は、政府関係者および政府・軍・警察施設を主にし、このほかキリスト教徒およびキリスト教会、酒場、またボコ・ハラムに批判的なイスラム教指導者、イスラム教徒、モスク、イスラム神学校にも及んでいる。ボコ・ハラムは2010年3月、「米国はイラクやアフガニスタンなどでイスラム教徒を迫害しているほか、パレスチナではイスラム教の同胞を殺害するイスラエルを支援している」として、米国権益も攻撃対象にすることを強調している。

ボコ・ハラムは、創設当初その発祥の地ボルノ州で警察と小規模な戦闘を繰り返していたが、2003年12月になると、ボルノ州の西側に位置するヨベ州の警察署3ヶ所を同時に襲撃するという本格的なテロを敢行するに至った。さらに、2004年には本拠地をボルノ州からヨベ州に移し、ニジェールとの国境付近に軍事キャンプを設置し、メンバーのトレーニングに力を注ぐとともに、そこから警察署などへの襲撃を繰り返した。

このような状況の中、ナイジェリア警察は2009年、ボコ・ハラムに対する本格的な掃討を開始し、同年7月にグループの本部を急襲し、リーダーのユスフを含む多くのメンバーを逮捕した。その後ユスフを失ったボコ・ハラムの組織力は低下したとみられていたが、2010年7月に

アブバカル・シェカウが新たな指導者に就任したことで、再びテロ活動を活発化させていった。同年9月のバウチでの拘置所襲撃（囚人759人が脱走、兵士と警察官ら4人死亡）を皮切りに、12月のキリスト教会爆破テロ、2011年5月の北部カドゥナ州ザリアの酒場を狙った同時爆弾テロ（16人死亡）、2011年6月の首都アブジャでの警察本部に対する車両爆弾による自爆テロ（2人死亡）、さらには2011年8月のアブジャの国連施設における車両自爆テロ（23人死亡）などボコ・ハラムの活動はエスカレートしていった。

ボコ・ハラムによる軍・警察・政府施設、キリスト教徒居住区などでのテロ攻撃は続き、2013年5月にジョナサン大統領（当時）はボコ・ハラムの攻撃を"国家に対する宣戦布告"とみなし、ボルノ州、ヨベ州、アダマワ州で非常事態宣言を発令し、ボコ・ハラムの掃討を強化した。ナイジェリア軍は5月、ボルノ州アラガルノ村にあるボコ・ハラムの拠点を攻撃し、メンバー37人を殺害したほか、11月には北東部カメルーンとの国境の町グウォザの主要基地を空爆し、メンバー50人を殺害した。

2014年においても依然としてボコ・ハラムは、北部や中部プラトー州などでキリスト教徒居住区、学校、バスターミナルなどで襲撃や爆弾によるテロを続け、首都アブジャでも比較的規模の大きい爆弾テロを敢行し、犯行声明を出している。例えばアブジャ南郊のバス停で4月14日のラッシュアワー時、停車中のバス内に爆弾を仕掛け、71人が死亡、124人が負傷し、5月1日には警察検問所近くで車両爆弾を爆発させ、19人が死亡、多数が負傷した。また4月中旬には、ボコ・ハラムがボルノ州チボクの学校から女子学生ら約270人を拉致する事件を引き起こしたことを受け、ジョナサン大統領はボルノ州、ヨベ州、アダマワ州で非常事態宣言を発令し、5月29日にボコ・ハラムとの全面戦争を宣言

第6章　中東・アフリカの治安情勢とビジネスリスク　193

した。

　ボコ・ハラムがテロ活動を活発化し、勢力を維持できる背景には、ナイジェリア国内の北部と南部の政治的対立、社会的風土の違いなどに基づく要因が存在する。ジョナサン大統領は南部出身のキリスト教徒だが、ボコ・ハラムは、イスラム教徒が大半の北東部の政治家や軍の上級将校から援助を受けているとみられている。2014年6月4日、ボコ・ハラムを援助した容疑でナイジェリア軍大将10人を含む軍の上級将校15人が逮捕されたが、その15人はボコ・ハラムに武器を提供していたほか、軍部隊の行動に関する情報をボコ・ハラムに与えたとされる。また、ナイジェリア北部の一部の不満を持つ政治家らが、内密にボコ・ハラムに資金などの援助をし、テロを煽り、ジョナサン政権を不安定化させようとしているとの見解もある。

　ナイジェリアでは、南部と北部の間で歴然とした経済格差が存在し、裕福な南部に対して北部の住民はその日の衣食住にも事欠く貧困、失業の問題が慢性化している。貧困や失業といった社会現象のほか、ナイジェリアには南部・北部を問わず汚職の蔓延という問題が存在する。トランスペアレンシー・インターナショナル（TI）が公表する世界各国の汚職度ランキング「2013年腐敗認識指数」によると、ナイジェリアは177ヶ国中、144位である。これら役人らの汚職に不満を持つ北部の若者らがボコ・ハラムのメンバーのリクルートの対象になっている。事実、ボコ・ハラムの前リーダーのユスフは、ナイジェリアの失業中の若者らの代弁として警察や政治家の汚職に対して非難することで支持を得ていた。ナイジェリアのボコ・ハラム問題専門家は、ボコ・ハラムの根本的問題を解決しようとするなら、汚職や貧困や失業といった政治的問題の解決を図らなければならないことを強調している。

　2014年に入りボコ・ハラムの攻撃が多発した際、ジョナサン大統領

は国民に対して、ナイジェリア南部ニジェール・デルタ地帯の反政府組織ニジェール・デルタ解放戦線（MEND）による暴力事件が、交渉や恩赦プログラムの実施により改善された例を挙げ、同様の手段でボコ・ハラムを管理下に置くことができるとしたが、政治家の一部は、政府が真にボコ・ハラムと対話し、ボコ・ハラムの立場に立った恩赦などを効果的に行わない限り難しいだろうとしている。

　ナイジェリア当局は、ボコ・ハラムは現在までのところ、ナイジェリア国外には活動の範囲を広げていないとしているが、アルジェリア、ニジェール、マリ、モーリタニアなど北アフリカで活動するイスラム・マグレブ諸国のアルカイダ（AQIM）から支援を受けている可能性が指摘されている。これは、AQIMの最高指導者アブデルマレク・ドルークデルが2010年2月、ボコ・ハラムのメンバーらに武器の使用方法について訓練を施すほか、人員、武器、銃弾などを提供する用意があると述べたことなどに基づいている。米国防省関係者も、AQIMとボコ・ハラムが戦術やテロの手法などで相互交流していることは確かだと主張しているほか、米連邦議会下院国土安全保障委員会は、ボコ・ハラムの報道官が2011年11月、ボコ・ハラムがAQIMから支援を受けていることを認めたとする情報を伝えている。

　さらに、AQIMが活動するニジェールのバズム外相は2012年1月、アフリカ地域の国際治安会議で、ボコ・ハラムのメンバーが、サヘル地域のAQIM拠点で爆弾テロ実施の訓練を受けたとする情報を入手したことから、ボコ・ハラムがAQIMと関係を持っていることは間違いないと強調した。このように、ボコ・ハラムがAQIMの援助により攻撃能力を高めることにより、ナイジェリア国内でさらに洗練されたテロが発生することが危惧されている。

カメルーン

　2013年2月19日、カメルーン最北部のナイジェリア国境付近で、GDFスエズ社に勤務するフランス人とその家族が、ナイジェリアのイスラム過激派ボコ・ハラム（Boko Haram）に誘拐される事件が発生した。この家族は、2011年からカメルーンに派遣されていたGDFスエズ社の管理職であるタンギー・ムーラン-フルニエとその妻、4人の子供（12歳、10歳、8歳、5歳）、そして休暇中に家族を訪ねていたタンギー・ムーラン-フルニエの弟の計7人で、カメルーン北部のワザ国立公園（Parc national de Waza：カメルーンが誇るユネスコ世界遺産のひとつ、年間数千人に上る観光客が訪れる）に観光で来ていた。ムーラン-フルニエ家族が拉致された現場にいた唯一の目撃者であり、家族と同じ道を通っていたカメルーン人の証言によると、テロリストは4台のバイクで、カラシニコフとみられる自動小銃で武装した8人ぐらいのグループであったという。テロリストは、ワザ公園を訪れた後の家族を拉致して、ナイジェリア内に逃走したとされる。利用車両はカメルーンのダバン（Dabanga）で発見された。2月25日、ボコ・ハラムがYoutubeで犯行声明を出し、ビデオの中でメンバーの1人が、今回の拉致はフランスの反イスラム的な態度に対する報復だとし、ナイジェリアとカメルーンで投獄されている仲間の解放を要求した。

　軍・治安関係機関によると、ナイジェリアに逃亡したテロリストは家族を拉致した後、湖がある北方へ向かったとされる。カメルーン海軍が、カメルーン、ナイジェリア、チャド、ニジェールに至るこの広大な地域に出動し、人質の捜索活動を開始した。同所は、数千の船やピローグ（小舟）がいりまじり、密輸業者などに格好の隠れ場所として有名な地

帯である。マカリ（Makari：カメルーン北部）では、カメルーン軍が、現地住民の協力を得ながらテロリストたちが残したと思われる証拠や共犯者の存在などについて調査をした。この地域は数年前からテロリストの温床と懸念されており、2012年にはナイジェリア側が国境を閉鎖するなど警戒されていた地域であった。人質らは4月19日に全員解放されたが、ナイジェリア当局によるとこの事件では、人質解放にあたって240万ユーロの身代金が支払われたという。テロリストたちは拉致・人質によって獲得した身代金を活動資金としており、身代金ビジネスが横行している状況がうかがわれる。またこの事件の問題点として、ムーラン-フルニエの不注意も指摘されている。この地域は仏外務省の渡航者向け危険情報において渡航を避けるようにと勧告されていた地域であり、現地入りする時には現地人ガイド、または治安関係者の同行が勧められていた。それにもかかわらず、その忠告を聞かず家族とともに現地を訪れたムーラン-フルニエの行動は批判の対象にもなった。

　こういったテロリストグループが現地のフランス権益やフランス人をターゲットにしている理由のひとつとして、2013年1月、フランスがマリへ軍事介入したことが挙げられる。フランス軍のマリへの軍事介入の目的はテロ組織の壊滅であり、マリ北部を支配していたAQIM、アンサールディンなどのイスラム過激派の南下を防ぐ目的でもあった。しかしそれはかえってイスラム過激派の怒りを増幅させ、それにより現地のフランス権益やフランス人が集中的に標的とされるような風潮が作り出されたといっても過言ではない。日本人も犠牲となった2013年1月のアルジェリア・イナメナス事件においても、フランスのマリへの軍事介入がその実行時期を早める原因のひとつであったとの見解もあり、国際政治の行方はそのままある地域での治安悪化、リスクの拡大に繋がる場合もある。

ケニア

　2013年9月21日昼、ケニア・ナイロビの高級ショッピングモールウエストゲートモールで、ソマリア発祥のイスラム武装組織アルシャバブによる襲撃テロ事件が発生した。4人から6人のアルシャバブのメンバーが同モールに侵入し、自動小銃を無差別に乱射、手榴弾を爆発させたほか、欧米人をはじめとする外国人を人質に取った。23日夜にケニア軍兵士がモール内に突入し、犯行グループ全員を射殺し、人質約200人以上を救出したが、この事件による死者数は67人、負傷者は175人に及んだ。この襲撃事件では、ソマリア南部に拠点を置くイスラム過激派組織アルシャバブが犯行声明を発表し、ソマリアへ軍を派遣するケニア政府を非難するとともに、さらなるケニア国内でのテロ攻撃を示唆した。今回の事件は、ケニアにおいて発生したテロ事件では在ナイロビ米大使館爆破事件（1998年8月）以降最悪のものとなったが、近年アルシャバブは組織的に弱体化傾向にある中でも、ケニア国内で断続的に小規模なテロ攻撃を繰り返していた。

　近年のアルシャバブが関与したと疑われる事件、出来事には以下のようなものがある。

・2013年12月12日、モンバサで英国人観光客2人が乗った車両に何者かが手榴弾を投げつける事件が発生。手榴弾は爆発せず、死傷者は出なかった。
・2013年12月14日、ナイロビのイーストレイ地区で走行中の乗合バスに手榴弾が投げつけられ、4人が死亡、36人が負傷。
・2014年1月16日、ナイロビのジョモ・ケニヤッタ国際空港内のカフェで簡易爆弾が爆発したが、死傷者は出なかった。当局はアルシャバ

ブのメンバーと見られる犯人4人を逮捕。
・2014年2月2日、当局はアルシャバブのメンバー勧誘の拠点とみられるモンバサのモスクを強制捜索し、イスラム教徒129人を逮捕し、うち70人を武器所持、暴動扇動などの容疑で起訴。
・2014年3月17日から18日にかけて、当局はモンバサ郊外でアルシャバブのメンバーとみられる3人組のグループを逮捕し、モンバサ市内の建物を狙った車両爆弾テロを阻止した。車両に積載された爆弾のほか、起爆装置やライフル銃、弾薬、手榴弾などを押収。
・2014年3月31日、ナイロビのイーストレイ地区のバス停で爆弾が連続して爆発し、6人が死亡、10人が負傷。

　上記の事件、出来事等をみると、ナイロビやモンバサで多く発生している。例えばナイロビ市イーストレイ地区はソマリア人居住地区で、市内中心部から北東部へ伸びている幹線道路（A2）沿いにあるが、2013年9月のショッピングモール襲撃事件以前から多くの事件が発生してきた。
　また発生場所としても、日本人渡航者や駐在員にも気になるところがある。例えばジョモ・ケニヤッタ国際空港内で発生した爆弾事件では、その爆発自体は小規模なもので、ターミナルの入口近くにあるカフェのゴミ箱と天井の一部が損傷を受けたのみであったが、国際空港は常に国際テロの第一義的な標的であることから、ケニアのテロ情勢が悪化し、それにより国際空港で大規模なテロが発生してもまったく不思議ではない。
　アルシャバブは2010年1月にアルカイダとの共闘を宣言し、同年7月のアフリカワールドカップ決勝戦最中に、ウガンダの首都カンパラで大規模なテロを実行している。国家としてのソマリアの脆弱性は、アル

シャバブに有利な環境（聖域）を与え、同国南部を主な拠点としていたが、昨今のアルシャバブの根絶を目的とする外国勢力（ケニア軍やアフリカ連合など）によるソマリア介入で、アルシャバブは南部キスマヨなど多くの拠点を失い弱体化した。しかしソマリア難民が多く存在するケニア北部では依然として断続的にテロや襲撃、誘拐事件が発生し、繰り返しになるが首都ナイロビでも断続的に交通機関や当局を狙ったテロ事件が報告されている。

　近年ソマリア国内では、アルカイダ系によるテロで使用される自動車爆弾テロや自爆テロなどが頻繁にみられるようになり、例えばロンドンキングスカレッジのICSRの報告では、この6年間で約1,000人のソマリア系、200～300人の非ソマリア系がアルシャバブにリクルートされたとしている。特に米国ミネアポリスのソマリアコミュニティから多くのソマリア系米国人が祖国へ渡り、自爆テロ犯や組織の広告塔としてアルシャバブの活動に参加している。そして近年アルシャバブによる広報活動は非常に活発で、ソマリアやケニア、欧米諸国などに存在するソマリア系ムスリムを中心に構成員の増加を図っている。

南アフリカ

　南アフリカの犯罪発生率は世界で最悪なレベルと言われる。同国では軍・警察施設の武器庫からの盗難、軍人・警察官あるいは合法的に所有許可を持つ一般市民からの盗難、また国外からの密輸などにより不法銃器が氾濫している。南アフリカ治安当局によると、合法的に銃器を所有する一般市民や軍・警察関係者から盗難され、闇市場で売買される銃器の数は年間3万丁で、毎年約8,500丁の銃器が軍・警察施設の武器庫からも盗まれているという。国内の強盗事件の7割以上にこうした武器類

が使用されている。同国では全土で武装強盗、殺人、車両乗っ取り、スマッシュ・アンド・グラブ（交差点で一時停止している車の窓ガラスを割り、車内の荷物を狙う手口）、住居侵入盗、恐喝、暴行などのあらゆる犯罪が昼夜を問わず多発している。

　次に具体的な数字でみてみたい。2010年6月に開催されたサッカーワールドカップを契機に、一時は警察官を増員するなどの治安対策が講じられたが、2010年4月～2011年3月の間における犯罪統計によると、全国で殺人事件が前年比の約5.3%減少（1万5,940件）、住居侵入・強盗も前年比の約10%減少（1万6,889件）するなど、一部治安回復の見方もあった。しかし日本の外務省による最新の犯罪統計（2012年4月～2013年3月）によれば、殺人事件が1万6,259件（1日当たり44.5件）、殺人未遂事件が1万6,363件（1日当たり44.8件）、住居侵入強盗事件が1万7,950件（1日当たり49.2件）、店舗・事務所への侵入強盗事件1万6,377件が（1日当たり44.9件）、強姦を含む性犯罪事件が6万6,387件（1日当たり181.9件）それぞれ発生しており、依然として高い犯罪発生率となっている。

　また邦人旅行者や在留邦人が犯罪の被害者となった事件は、外務省によれば、2012年1月から2013年12月までの2年間で、57件発生し、犯罪形態の内訳は、強盗事件が19件（住居侵入3件、追尾強盗2件、路上強盗13件等）、窃盗事件が38件（車上荒らし12件、置き引き11件、自動車盗2件、スリ2件、ホテル内窃盗2件、侵入盗2件、その他7件等）になっている。

　さらに女性に対する暴行事件に関しては、年間約50万件発生しており、報告されている被害件数は世界で最も多く、同国政府組織の一貫である医療研究委員会（MRC）が、同国の性的犯罪事件の実態について調査を行った結果、同国男性の4人に1人（27%以上）が過去に婦女

暴行事件を犯した経験があるとの結果も出ている。犯罪の特徴として、凶器や銃器を使用するなど犯行手口が悪質かつ凶悪なものが目立つ。南アフリカ当局は治安関連予算の増額を発表し、治安当局による取締まりを強化するとともに、警察官の増員や警察施設の充実を図っているが、周辺諸国からの不法移民を含む貧困層の流入、外国人を含む組織化された犯罪シンジケートの活動、大量の銃器の不正流通などは現在も続いている。その他、ナイジェリアで始まった国際詐欺事件（通称419事件）の被害も多く報告されており、中には、武装した犯人らに監禁・誘拐され、多額の身代金を要求されるケースや、また邦人の被害も報告されている。

　南アフリカは世界でも有数の犯罪多発国家であり、特にヨハネスブルクやプレトリアに滞在するときは、このような統計からも注意する必要がある。

第7章

南米・その他の治安情勢と
ビジネスリスク

メキシコ

　メキシコの治安は非常に悪い状態が続いている。フェリペ・カルデロン前大統領は2006年12月の就任以降、2万5,000人の治安部隊を投入し、麻薬カルテルの取締りを展開したが、麻薬組織と治安部隊との銃撃戦、麻薬組織間の縄張り争いの抗争などが後を絶たない。特に米国との北部国境地帯の治安悪化が顕著となり、多くの関係のない一般市民も犠牲となった。2011年には死者数は2万7,199人に達し、2012年までの6年間に死者数は6万人を超えたとされる。2014年でも、国営石油会社ペメックスのパイプラインから麻薬組織が石油を盗み取る事件（総被害額11億5,000万ドル）が発生したことをはじめ、ゲレロ州でコカ・コーラ社の配送トラック4台が放火されたり、ハリスコ州アユトラ市長が銃撃されたりする事件が発生している。軍隊も取り締まりのため投入されたことで、近年はカルテル側の劣勢が見られ、組織の縮小もあって、現在主要なカルテルは2つの派閥に統合されていると言われる（1つはフアレス・カルテル、ティファナ・カルテル、ロス・セタス、ベルトラン・レイバ・カルテル。もう1つはガルフ・カルテル、シナロア・カルテル、ラ・ファミリア・ミチョアカーナ）。

　また全国的にメキシコは、失業者の増加と経済的不安定要素により、犯罪率も高くなっている。特に、銃器を使用した凶悪犯罪も増加しており、また、身代金目的の誘拐事件の発生件数はコロンビアを抜いて中南米一といわれている。

　メキシコの国家統計地理情報局（INEGI）は2014年9月30日、2013年に同国の全世帯の3分の1以上で、少なくとも1人が犯罪被害に遭ったとし、過去最高の犯罪被害者数を記録したと伝えた。また

2013年の犯罪認知件数は約331万件に上り、そのうち殺人事件の発生件数は減少したが、誘拐と恐喝が前年度比で増加し、誘拐は前年度の9万4,438件から12万3,470件に増加したとされる。また、誘拐事件では市民の警察不信もあって、警察に犯罪被害を届け出ない件数が非常に多いことは常識化しているが、他の犯罪でも未届け被害が多いため、実際の犯罪発生件数はこの統計よりはるかに多いとみられる。

　また国連薬物犯罪事務所（UNODC）が公表した世界で最も危険な国・地域ランキング（2011年人口10万人当たり殺人件数）によると、同ランキングの上位20の国・地域中に中南米及び南米の国が18も入っている。世界で最も危険な国・地域ランキングの第1位はホンジュラスで、第2位以下エルサルバドル、セントクリストファー・ネイビス（カリブ海）、ベネズエラ、ジャマイカ、グアテマラなどと続く。パナマは第14位となり、メキシコは第16位となっている。中南米地域は治安が悪いとのイメージが定着しているが、コスタリカ、ドミニカ（ドミニカ共和国とは別の国）、キューバ、ケイマン諸島などの治安は比較的良いとされる。

ベネズエラ

　日本の外務省の情報によると、ベネズエラ国内における一般犯罪の認知件数は2011年に27万5,701件、2012年が27万6,097件となっており、近年は増加傾向にある。また殺人や強盗などの凶悪犯罪は著しく増加し、首都のカラカスは中南米の中で最も治安が悪いとも言われる。

　そして昨今ベネズエラでは、2014年2月以降始まった野党勢力による反政府デモの影響でデモ隊と治安部隊が衝突し、2014年2月25日までの時点で死者14人、負傷者150人以上に及んだとされる。この反政

府デモのきっかけは、経済の悪化による失業者の急増などで、政府に不満を露わにしている学生らが中心となって政府に対する抗議行動を行ったことにあるが、こうした同国の与野党対立の構図は、今に始まったことではない。与野党間の対立は、1999年に反米・社会主義路線を掲げたチャベス元中佐（その後のチャベス元大統領）が貧困層の絶大な支持を受けて大統領に当選した日から、15年以上にわたって続いている。

野党陣営は中産階級、富裕層が主体になっていることから、反政府デモを実施しても国内を混乱させるような過激な行動はとらないとされているが、治安部隊の容赦ない鎮圧と相俟って、政府支持者グループが治安部隊に加勢するパターンとなっているので、野党勢力も対抗して徹底抗戦を行うなどしている。

2013年3月5日、貧困層からの絶大な人気があり、15年近く同国を統治してきたチャベス前大統領が死去したが、その後の4月14日に大統領選挙が実施され、チャベス後継のマドゥロ暫定大統領（前副大統領）が野党候補のカプリレス・ミランダ州知事に勝利した。この開票結果を巡っては野党側が不正な選挙であるとして、断固とした抗議を行なった。野党陣営は街頭で抗議活動を展開したが、与党支持者との度重なる衝突の結果、選挙後の10日間で10人以上の死者を出すなど混乱を極めた。

そして6月になって選挙管理委員会が大統領選挙の精査結果として、マドゥロ大統領が1.5％の僅差で勝利し、今回の大統領選挙においては不正な投票や開票は立証できなかったと発表した。

しかしベネズエラの選挙はかつてから様々な不正行為が行われているとされてきた。例えば2012年10月に行われた大統領選挙でもやはり僅差でチャベス大統領が勝利したが、この当時チャベス大統領は癌治療で入退院を繰り返しており、執務継続が困難と見られていた。そして開票当日の午後に伸び悩むチャベス票に、与党・政府側は大量の貧困層住民

に日当や食事を出してまで投票所に行かせたとか、外国人まで投票させたとのうわさまで出たが、何らかの不正行為が行われた可能性が高いとの指摘が多い。

マドゥロ政権発足当初は、米国との国交正常化に向けた外相会談が行われて、雪解けムードが漂ったが、2013年3月と10月、そして2014年2月に反政府活動に加担したとして米国の外交官を国外追放するなどしたことから両国間の外交関係は再び悪化した。また、大統領暗殺を計画したとしてコロンビア人を逮捕したり、暗殺される恐れがあるとして国連の会議を欠席したりするなど本来最優先で取り組むべき政治や経済の改革を置き去りにして、自分自身を守ることに専念しているかのように見えることからは、マドゥロ大統領の政権基盤の不安定さを露呈しているとも判断できる。

大統領は今回の反政府デモに際しても、さまざまな命令・指示を繰り返し出したが、そのリーダーシップは不十分なものだった。2月12日の反政府デモには約5万人が参加したとされ、大統領就任以来最大の参加者数となり、広い幹線道路も多くの人で埋め尽くされた。大統領は、反政府デモにはコロンビアが絡んでいる、米国の外交官が学生を唆しているなどとして外交官の国外退去を命じ、一方治安部隊にはデモ隊の排除命令を出したが、その弾圧により多くの死傷者が出た。また2月19日には、大統領が野党「民衆の意思」のオポルド・ロペス党首の逮捕を命じ、殺人教唆などの容疑で逮捕したものの、その後、反政府デモは勢いづいたこともあってか、翌日殺人教唆を撤回した。さらに、大統領は21日の演説で、米オバマ大統領に対話を呼びかけたが、それはかえって大統領の優柔不断さを露呈するものとなった。

一方で、マドゥロ大統領が党首の与党、ベネズエラ統一社会党（PSUV）の幹部であるタチラ州知事は2月25日のラジオ番組で、「反

政府デモに対する政府の武力行使は行き過ぎた行為であり、これには断固反対する」と述べ、マドゥロ大統領を批判した。タチラ州では、20日に反政府デモの拡大を受けて、政府は州都サンクリストバルに陸軍部隊と軍用機を派遣するとともに、国家警備隊がデモ規制で実弾を使用してデモ隊を強制排除したとされる。同州知事は、「政府から州政府への事前打診はなく、軍部隊等を派遣したのは重大な過ちである」と非難したが、このように政権側から大統領に対する批判の声が上がるのは異例のことである。また、治安当局は2月26日、反政府デモ参加者の死亡事件に関連して、国家情報局（SEBIN）の要員5人を逮捕したことを明らかにした。そして2月24日にも、同容疑でSEBINの要員3人と警察官6人が逮捕されており、政権自らの瑕疵も認めることをアピールしたものとみられる。

このように昨今のベネズエラ情勢は、経済格差の拡大や大統領の国家マネジメント能力の欠如も重なって、治安の不安定化が常の悩みとなっている。

ブラジル

サッカーのワールドカップや夏季オリンピックなど国際的なイベントのホスト国として経済発展著しいブラジルであるが、国内の治安情勢は依然として多くの問題を抱えている。治安当局は数年来、上記のようなイベントの開催都市における治安改善に努めているが、特にリオデジャネイロ、サンパウロなどの大都市では治安対策が思うように進んでいない。2013年6月には、サッカー・コンフェデレーションズカップ開催を前に、翌年のW杯への優先的な財政投資やバス運賃の値上げに抗議するデモがブラジル全土に拡大した。その中にはアナーキストや犯罪者

が紛れ込み、暴動や略奪を先導したこともあって、リオ市内などでは大混乱を引き起こした。また2014年のワールドカップ開催直前にも、同様のデモだけでなく、賃上げを要求する地下鉄職員によるストが発生するなどしている。治安当局はデモ対策を重点的な対策として位置づけるとともに、2016年のリオ五輪にも繋げたい意向である。

　リオ市内には1,000以上のファベーラ（スラム街）が存在し、リオ市人口の3分の1（約200万人）が居住しているとされている。さらに、リオ市近郊にも多くのファベーラが存在していることから、リオ大都市圏には数百万人の貧民がリオ市内及び近郊に集中していることになる。これらファベーラでは、犯罪組織・麻薬組織が君臨しており、特に麻薬取引の現場でもあることから、治安当局による取締りは、以前から実施されている。治安当局は、W杯やリオ五輪への治安対策として、2008年からファベーラ対策に重点を置き、次々とリオ市内の大規模ファベーラ、特に麻薬組織が仕切るファベーラを中心に掃討作戦を展開するとともに、ファベーラに「軍警察治安部隊（UPP）」を常駐させて、治安維持に当たっている。しかし、掃討作戦への麻薬組織等の抵抗が非常に強く、銃撃戦などで相互に多くの死傷者を出しているほか、ファベーラ居住者も流れ弾で犠牲になるなどしている。

　例えばブラジル政府は2014年3月24日、W杯開催のちょうど80日前から、治安部隊に海軍部隊を投入、ファベーラ掃討作戦等を強化し、同月30日には、市北西部の15のファベーラから成るマレ地区を急襲し、犯罪組織を一掃、制圧した。しかし、4月9日には、ファベーラをパトロール中の治安部隊員が住民に狙撃される事件が発生するなど、まだまだファベーラ対策が実効化していない状況がうかがわれる。

　このほか、ファベーラでの大きな問題は、居住者による犯罪である。ファベーラが犯罪組織の拠点になっていることは前述のとおりであるが、

これら犯罪組織メンバーや居住者による犯罪が後を絶たない。犯罪組織は集団強盗やカージャック、車両強盗、車両窃盗など凶悪犯罪を続発させ、また年少者が路上強盗やひったくりを頻発させている。特に年少者はたとえ逮捕されてもすぐに釈放されることから、これら犯罪を繰り返すことも珍しくない。こうした犯罪が頻繁に発生する場所は、何もリオの中でもファベーラ内やセントロ地区に留まらず、コパカバーナなどの観光地や日系企業事務所が多いフラメンゴ・ボタフォゴ地区などのビジネス街、邦人居住区であるイパネマ・レブロン地区にも拡大しており、邦人旅行者のみならず在留邦人も犯罪被害に遭っている。

　また民衆によるデモをどう機能的に治安当局が抑えることができるかも大きな課題だ。例えば2013年6月以降、平和裏に行われていた各種集会・デモに、無国家社会や無政府社会を主張し、黒い服に身を包み、顔を隠して抗議行動に参加している「ブラック・ブロックス」と呼ばれるアナキストグループや犯罪組織メンバーが紛れ込み、暴動や略奪を先導して、各地の集会やデモを混乱に陥れた。

　各種デモは、インターネットで参加を呼び掛けて参加者を募っている。ブラジルのネット環境は良いとは言えないが、フェイスブックの利用率はインドに次いで世界第2位であり、貧困層住民も携帯電話を所持している。また、デモに参加すれば若干の現金がもらえる仕組みになっているとも言われており、この手法は、近年欧米などでも、国際会議の開催時に過激な抗議デモを展開するアナキストグループが駆使している。

　以上のように、ブラジルではファベーラを背景とする犯罪や経済格差を原因とするデモなどが日常的に発生しており、治安上、多くのリスクを抱えている。

ロシア

　ロシアでは、南部北カフカス連邦管区のチェチェン、イングーシ、ダゲスタン、北オセチア、カバルダ・バルカル、カラチャイ・チェルケスの各共和国、およびチェチェン共和国と境界を接するスタヴロポリ地方、そしてモスクワなどで反政府武装勢力によるゲリラ攻撃や爆弾テロが多発している。例えばロシア内務省の犯罪統計によれば、2013年中のテロ行為の認知件数は31件で、前年比29％増加している。テロのターゲットは、行政機関幹部、ロシア連邦保安庁（FSB）関係者、警察関係者、および一般市民である。近年ロシア国内で発生したテロ事件としては、2009年11月特急列車ネフスキー爆破テロ、2010年3月モスクワ地下鉄爆破テロ、2011年1月ドモジェドボ国際空港爆破テロなどがある。例えばこのモスクワ地下鉄爆破テロでは、ルビャンカ駅およびパルク・クリトゥールィ駅で自爆テロが相次ぎ発生し、40人が死亡、90人以上が負傷し、国際空港爆破テロでは国際線到着ロビーのカフェ付近で爆弾テロが発生し、外国人を含む37人が死亡（被害者の国籍はナイジェリアやドイツ、タジキスタン、イタリア、イギリス、モルドバなど）、190人以上が負傷した。また2014年ソチ冬季オリンピック前には、ソチに比較的近いボルゴグラードなどで繰り返しテロ事件が発生した（例えば2013年10月21日、南部ボルゴグラードで走行中のバスが爆発し、6人が死傷、30人程度が負傷するテロ事件が発生）。

　またロシアの犯罪発生率は高く、特に強盗については、発生件数が東京の5倍とされる。大都市を中心に外国人を狙った強盗事件やスリ、置き引き、詐欺といった金品奪取を目的とした犯罪が多発しており、中でも窃盗やひったくり事件が際立って多い。特に犯罪が集中している都市

は、首都モスクワ、サンクトペテルブルク、ハバロフスク、ウラジオストク、ユジノサハリンスクなどとされる。

最近では、モスクワを中心に外国人排斥を叫ぶ極端な民族主義思想を持った若者グループ「スキンヘッド」による外国人を狙った暴行傷害致死事件も多数発生している。2008年には1年間で非白人47人が殺害されている。特に、アジア系を含む外国人への襲撃事件が発生し、日本人が負傷したケースも報告されている。

日本大使館は、外出の際には次の点に注意するように警告をしている。
・目立つ服装は避け、外出先での派手な行動は慎む
・いわゆるスキンヘッドグループはもちろん、サッカーチームのサポーターやロックコンサート帰りの集団等、若者の集団には近づかない
・人通りの少ない場所、裏通りなどのたまり場となるおそれのある広場、公園等には近づかない
・外出に際しては携帯電話を可能な限り携行し、連絡手段を確保する
・ヒットラーの誕生日（4月20日）や「民族統一の日」（11月4日）の前後は外国人排斥運動が活発化するため、不要不急の外出や、深夜・早朝の外出を控える。やむを得ず外出する際には、車の利用や複数人での行動を考慮する。特に、旧アルバート通り、レーニン図書館周辺、マネージ広場、プーシキン広場、各種駅（地下鉄を含む）構内及び周辺、電車、路面電車、スタジアム、ロックやラップのコンサート会場周辺、大学生寮、若者や多国籍（特にアジア、アフリカ系）の人が参集する飲食店、カフェバー、ディスコ、コーカサス系やアジア系の店の多い市場などは用心すること。

トルコ

　トルコはイスラム世界の中でも代表的な世俗国家で、その土台は初代大統領ケマル・アタチュルクによって築かれた政治の基本原則である政教分離にある。しかし近年のトルコ情勢、特に2003年3月、イスラム主義政党、公正発展党の党首エルドアンがトルコの首相に就任して以降、イスラム教の価値観を重視する政策が強引に進められてきたこともあって、政府と国民との間に不信感が芽生えている。例えば2013年5月、イスタンブール中心部の公園再開発計画に対する抗議をきっかけとして、世俗派がイスラム色を強めるエルドアン首相に対する大規模抗議デモが発生し、デモ隊と警察部隊が連日のように衝突した。またエルドアン首相自身や閣僚の汚職、インターネット規制強化の法案などをきっかけとして反政府デモが断続的に発生し、しばしば治安部隊との衝突に発展している。

　トルコ国内にはクルド労働者党（PKK）や革命人民解放党戦線（DHKP-C）など10組織程度のテロ組織が存在している。標的になりやすい場所は、政府関連施設、政党事務所、警察署、交通機関、レストラン、欧米大使館などの外国権益などで、発生場所はイスタンブール、アンカラ、イズミール、アダナ、メルスィン等の大都市や、外国人観光客が年間を通じて多く集まる地中海・エーゲ海に面したリゾート地など拡散している。

　最大の組織はPKKで、トルコ南東部と接するイラク北部に主な拠点を持ち、トルコ国内都市部で爆弾テロや、南東部で軍や治安当局に対する攻撃を続けている。治安当局はイラク北部に越境してPKKに対する攻撃を続けているが、PKKは弱体化していない。PKKによるテロ事件

の死者はこれまでに3万人以上ともいわれている。またDHKP-Cも、イスタンブールやアンカラなどの大都市での爆弾テロを敢行している。

例えば外務省の情報によると、イスタンブールだけでも2012年中、テロ関連の事件が38件発生している。以下はその一部である。

・5月31日、イスタンブールの郊外ファーティヒにあるマクドナルドの女子トイレ内で爆弾が爆発した。これもDHKP-Cの犯行とみられている。
・6月5日、イスタンブール・エセンユルト地区庁舎近くの公園でPKKメンバーが爆弾を攻撃対象へ輸送中に誤爆死した。
・6月12日、イスタンブール・サリエル地区の警察署に対する襲撃事件が発生した。
・9月11日、イスタンブール郊外のガージーオスマンパシャにある警察署の入口付近で男が自爆し、警察官1人が死亡、警察官4人及び民間人3人が負傷した。自爆犯はDHKP-Cのメンバーとされる。
・10月15日、イスタンブールのシシリ地区で、小学校に爆弾が投げ込まれ爆発した。死傷者は発生しなかった。
・11月13日、イスタンブールで、警察による家宅捜索で爆薬3.5kgを押収し、市内でのテロ計画を阻止した。
・12月11日、イスタンブール・ガージーオスマンパシャ地区で、2人組みの犯人が警察官を銃撃し、警察官1人が死亡、巻き添えとなった一般市民3人が負傷した。警察は犯人のうち1人の身柄を拘束し、手りゅう弾と銃を押収した。

また、国際テロ組織アルカイダ系過激派組織によるテロも過去に発生している。イスタンブールで2003年11月15日、シナゴーグ（ユダヤ教会堂）、英国系のHSBC銀行トルコ本店、英国総領事館を狙った爆弾テロ事件が相次いで発生し、多数の死傷者を出した。また2008年7月、

アルカイダ等の過激派思想の影響を受けた3人のテロリストが在イスタンブール米国領事館を襲撃するテロが発生している。そしてシリアやイラクで勢力を拡大したイスラム国もシリア・トルコ国境に迫るなどしたことから、このようなサラフィージハーディストの脅威はトルコにとって非常に大きな懸念事項だ。

一方、トルコ内務省が最新の犯罪統計として2006年中に報告したデータによると、一般犯罪総数は約78万5,000件で、うち窃盗事件が約35万1,000件と最も多く、全体の44.8％を占めている。また、トルコでは殺人や強盗等の凶悪犯罪が極めて高いことが懸念されており、トルコ警察庁によると、2006年中の殺人事件は約2,600件、強盗事件は約8,900件が確認されている。

日本人が巻き込まれやすい犯罪としては、イスタンブール等の観光地における窃盗（スリ、置き引き、ひったくり等）及び詐欺（じゅうたん・宝石の押売、ぼったくりバー等）が後を絶たない。

観光大国、親日国家として、また経済的発展が著しいトルコではあるが、中東地域の不安定な治安環境はトルコにも大きな影響を与え、また一般的な犯罪も多く発生していることから、渡航・駐在の際には十分に注意する必要がある。

補論　「イスラム国の特徴」

　最後に2014年以降、中東地域で台頭したイスラム国について再度深く取り上げたい。なぜならこのイスラム国は単なるテロ組織を越え、自らでシリアとイラクに渡る領域を実効支配し、財政的、軍事的、組織的に強大化する事に成功したことから、今後の国際政治、治安リスクの動向に大きな影響を与える高い蓋然性があるからである。

　またイスラム国は、アプローチは違えどイスラム初期のカリフ国家の実現を目的とするところではアルカイダやその関連するイスラム過激派と同じであり、すべてスンニ派過激勢力であることに違いはない。しかしイスラム国の建国が一方的に宣言されてから約1年、この組織の特徴について、アルカイダとは異なる点がいくつかみられるようになった。そしてそれを理解することは学者や政治家、役所だけの役割ではなく、今日のグローバル化が深化した今日においては、誰が、いつ、どこでこのイスラム国に影響されるかはわからない。また我々は2015年1月に発生したイスラム国による日本人殺害事件を経験し、イスラム国から名指しで標的にされていることから、治安リスク上もイスラム国の動向を無視することはできない。では、イスラム国にはどんな特徴があるのか。以下はそれについて列挙したものである。

　なお、以下は筆者が以前に執筆した論文やレポートから引用したものである。

①サイバー空間の巧みな利用

　イスラム国は今日のグローバル化したサイバー空間を巧みに利用して

いる。シリアとイラクで一定の領域を支配する形で活動するイスラム国は、無料で使用可能なユーチューブやツイッター、フェイスブックを使用し、機関誌Dabiqをはじめ、ハリウッド映画さながらの画像や動画、メッセージを発信するなどして新規メンバーのリクルートや資金集め、組織のアピールを行っている。そしてそれが功を奏しているのか、近年、イスラム国の活動に参加するため、世界各国からシリアへ流れ込む者が急増しており、またアフリカや南アジアなどの地域を拠点とするイスラム過激派組織からも、イスラム国への忠誠・支持を宣言する動きがみられるようになっている。

今日、イスラム国のメンバーにとっても、国際テロ対策が強化されている状況の下では、欧米やアジア、アフリカの各国へ移動し、そこで組織的なテロ活動を行うことは容易ではない。よってイスラム国は、グローバル化した通信技術やサイバー空間を巧みに利用し、社会経済的な不満を抱えるムスリム移民や何らかの刺激を求める若者などに存在意義や冒険心（スリル感）を与える一種のイデオロギーとしての側面を機能させ、勢力の維持・拡大を図っている。また、イスラム国は同じような目標を持つボコ・ハラムやアブサヤフなどのイスラム過激派に、イスラム国の組織的、財政的、軍事的な強大化を誇示し、同組織の存在的価値、カリスマ性を高めるなど一種のブランドとしての側面を機能させ、勢力の維持・拡大に利用している。

イデオロギーとしての機能は、イスラム国を目指してシリアへやってくる者の数を増大させ、ブランドとしての機能は、エジプトの「イスラム国のシナイ州」（旧名称は「アンサール・ベイト・アル・マクディス」）、リビアの「イスラム国のトリポリ州」などイスラム国を名乗る組織を台頭させ、さらにアブサヤフやパキスタン・タリバンの一派など従来から存在するイスラム過激派からの支持獲得をもたらしたといえる。

これはパキスタン・トライバルエリアに今なお残るアルカイダコアも採用していた戦略である。アルカイダコアは米軍による掃討作戦で組織的に弱体化したものの、サイバー空間を巧みに利用することで「アラビア半島のアルカイダ」(AQAP)、「マグレブ諸国のアルカイダ」(AQIM)、ソマリアのアルシャバブなどアルカイダコアへ忠誠を誓う組織やそれに協力するイスラム過激派の台頭を促進させ、またその宣伝活動によって過激化した個人が欧米諸国などでテロを行うホームグロウン関連の事件を増加させることになった。

　そして、イスラム国のブランド、イデオロギーとしての機能が功を奏すようになると、それにさらにネットワーク機能が加わるようになる。アルカイダコアを中心とするグローバルジハードは、アルカイダ地域支部や各地で活動するイスラム過激派、並びにそれに共鳴する個々人を包み込むことで、例えばAQAPとアルシャバブ、AQAPとイラクのアルカイダ（AQI）、ボコ・ハラムとAQIM、またはAQAPと過激化した個人など組織と組織の間、組織と個人の間の接触、相互関係を深化させる網の目のネットワークとしても機能するようになった。このアルカイダと同じようなアプローチで、シリアとイラクで活動するイスラム国を中心としたジハード"ネットワーク"がより現実的に構築される可能性も否定できない。

②「カリフ国家」建設におけるISとアルカイダの手法の違い

　アルカイダの目的は、イスラム世界から欧米諸国の影響力を排除し、欧米諸国と協力してきた背教者（要はイスラム各国の政権）を打倒することにより、「カリフ国家」を設立することである。一方、ISの目的も「カリフ国家」を設立することであるが（現在のISからすれば、それはすでに完成している）、欧米諸国への攻撃をアルカイダほどは重視せず、

自らの力で「カリフ国家」を創設しようという、"より直線的なアプローチ"を採るところにアルカイダとの違いがある。

国際テロ研究の中では、アルカイダにとっての敵を"Far Enemy"（欧米諸国）と"Near Enemy"（イスラム各国の政権）という言葉で議論する場合があるが、アルカイダが第一義的に"Far Enemy"を標的とする一方、ISが目的を達成するために採るアプローチでは、"Near Enemy"により重点を置いたものとなる。

この「カリフ国家」建設におけるアプローチの違いは、両組織の影響力拡大においても違いを見せることになる。アルカイダコアは米軍による掃討作戦で弱体化する一方、イデオロギー、ブランドとして機能することで「アルカイダの拡散化」を狙い、一定の成果を出すことには成功したと言える。しかし、アルカイダコアのビンラディンは、AQAPやAQIM、AQIに自らが掲げるアプローチ方法により「カリフ国家」を建設するよう期待したが、それはこれらのアルカイダ支部グループに第一義的に欧米諸国への攻撃を求めることを意味した。しかし、AQAPやAQIM、AQIなどはそれぞれの地域性、独自性を持っており、また組織の存続のためには地元勢力との協力など、まずは地盤を固める必要があるため、今日までビンラディンが望むような行動をとってきたとは言えない。周知のとおりISのルーツはAQIであり、AQIMも身代金目的の誘拐事件を多く発生させるなど一般犯罪的な要素が濃い組織であることから、今日、AQAPだけが主として欧米へのジハードに強い意志を持っている。それは2015年1月に発生したシャルリーエブド社襲撃事件におけるAQAPの対応からもみてとれる。

一方、アルカイダほど欧米へのジハードを重視せず、それぞれの地域において自らの力で「カリフ国家」の樹立を純粋に推奨するISは、そのような目標を持つボコ・ハラムなどのイスラム過激派にとっては忠誠を

より誓いやすい。また、アルカイダを中心とするグローバルジハードネットワークの「停滞」とでも表現される状態が続いてきたことから、ISのように「カリフ国家」のモデルとも言える程度に一定の領域を支配する存在が実際に台頭したことも、ISへの忠誠を誓う組織が増加した要因になったと考えられる。

③外国人戦闘員とグローバル化の深化

　ISについて報道される場合、必ずと言っていいほど外国人戦闘員の話題があがる。例えばそれについて調査するロンドンキングスカレッジICSRから2015年1月26日に発表された最新の報告書によると、世界各国から2万人を超える外国人がシリアへ流入し（1979年～1989年のアフガニスタン紛争で世界各国から集結したムジャヒディン（聖戦に参加する戦士）の総数を上回るとされる）アルカイダ系組織のアルヌスラには全体の14％が、西欧出身者も4,000人以上に上るとされる。国別ではフランスの1,200人を筆頭に、以下ドイツと英国の500～600人、ベルギーの440人、オランダの200～250人、スウェーデンの150～180人、オーストリアとデンマークの100人～150人などが続き、その他地域の国々ではチュニジアの1,500～3,000人を筆頭に、サウジアラビアの1,500人～2,500人、モロッコとヨルダンの1,500人、ロシアの800人～1,500人、レバノンの900人、リビアとトルコの600人、パキスタンとウズベキスタンの500人などとなっている。またICSRから2013年12月に発表された報告書によると、シリアに流入した外国人戦闘員のうち、ISには全体の約55％が、アルカイダ系組織のアルヌスラには全体の14％がそれぞれ流れ、他の世俗的な組織に流れる者も少数ながらもいるとされる。

　ISを中心に、なぜここまで多くの外国人がシリアに流入するようにな

ったのか。それにはシリアの無法地帯化、トルコ・シリア国境における警備の脆弱性などいくつかの理由が挙げられるが、そのひとつとしてグローバル化の深化が大きく影響している。近年グローバル化の影響は世界各地に拡がりを見せるだけでなく、安価な値段で国境を越えたり、無料でSNSなどを利用することができるようになったことから、グローバル化の影響はそれぞれの国の富裕層や中間層に限らず、貧困層への距離もより接近し、より多くの人がそれを享受するようになっている。

しかし当然のごとくグローバル化はリスクの国境を越えた動きも促進する。そのひとつがアルカイダのような国際的なネットワーク、ブランドを有する存在を生み出し、さらには今回のように国家のコントロールが脆弱なスペースに入り込み、一定の土地を自らでコントロールする、ISという存在を台頭させたといえる。以前にも、ひとつのテロ組織が国境を越え国際的に活動し、外国のテロ組織と関係を持つといったことはあったが、今日が以前と大きく異なるのは、例えば莫大な情報が国境を越えたサイバー空間に溢れるようになった、比較的誰でもインターネットにアクセスできるようになった、国境を越えたお金の取引が簡素化された、安い値段で外国へ行けるようになったなど、グローバル化がより拡大し、さらにそれぞれの国でそれを享受できる人口が増えたように、グローバル化がより各国内の社会に深く根ざすようになったということである。こうした今日の国際システムの流れが、個人と個人の接触、非国家主体間の相互作用の増大を促進し、ISというグローバル化のリスクの産物といえるような存在を台頭させたといえる。

④シリア内戦、イラクの宗派対立など地域紛争に依存するIS

ISがイラクにおいて勢力を拡大した主要な背景には、イラクで続くシーア派とスンニ派の宗派対立やISの地元スンニ派勢力との関係強化があ

る。当時のマリキ政権は多数派のシーア派を優遇し、少数派のスンニ派を冷遇してきた過去から、スンニ派勢力の中でイラク政治に不満を持つ者は非常に多かった。それがISのイラク国内での勢力拡大にとっては死活的に重要で、宗派対立の現状を巧みに利用し、「シーア派が主導する政権の打倒」という同じ目標を持っていることを強調することで、イラク国内にイスラム国の影響力を浸透させるという戦略が有効に機能してきた。今日では、フセイン政権時の旧バース党の幹部や元軍人たちもイスラム国の活動に幹部として参加しているとみられ、そのような軍事経験に富んでいる者たちはイスラム国が領域的支配を維持する上で主要な役割を担っている。

　しかし今日、ISはシリアやイラクにおいて優勢な訳ではない。ISは有志連合による空爆で主要な石油施設を失い、またクルド人勢力との地上戦でもシリア・トルコ国境のコバニから撤退するなどしている。今後空爆だけでなく、米国などを中心に一定の地上軍勢力の展開を強化する見込みで、組織としてISがどこまで勢力を維持できるかも不透明だ。

　また、アルカイダが掲げる初期のイスラム国家への回帰を目指すサラフィー主義を強く唱えるISが、世俗的な価値観を基本とし、単にイラク政治の改革を目指すに過ぎない者も多い地元スンニ派勢力とどこまで協力関係を維持できるかも不透明だ。高い戦闘員給与に魅了され参加している者も多くいると考えられ、有志連合による石油施設への空爆により主要な収入源を失い高い給与が払えなくなったことで、地元スンニ派勢力の中から反IS感情が高揚し、今まで味方であった者が敵に転じるという内部分裂が生じ、結果としてISの組織的弱体化に繋がることもあり得る。またISの幹部レベルの話として、フセイン時代の旧バース党は世俗主義であり、以前そこで活動していた旧バース党員がISILのイデオロギーとどこまで歩調を保てるかにも注視すべきだろう。

このようにISILにとって内戦や宗派対立、地元勢力との協力と基盤確保は組織の生き残りにとって戦略的に重要なものとなっている。

⑤停滞しているグローバルジハードとIS

　国際テロ組織アルカイダの誕生は1988年とされ、米国とアルカイダの戦いは9.11同時多発テロ以前からあったものの、国際社会でテロの脅威が注目されるようになったのはやはり9.11以降である。

　アルカイダを中心とするイスラム過激派の脅威は、依然として続いているが、その脅威は9.11テロ時と比べ、今日においてはより不確実な、不透明なものに変化している。テロ対策専門家の多くも、2001年当時のアルカイダと今日のアルカイダは質的に異なったものへ変化しているとの見解で一致しており、例えば今日のアルカイダを以下のように分類して観る動きもある。

・パキスタンで生き残る本家アルカイダ
・AQAPやAQIM、ソマリアのアルシャバブ、そしてイスラム国の前身組織であるAQI、シリアで活動するアルヌスラなどのアルカイダコアへの忠誠を誓ったアルカイダ系組織（Al Qaeda affiliate）
・ボコ・ハラムやエジプト・シナイ半島を拠点とするアンサール・ベイト・アル・マクディス、アブサヤフ、また今日では弱体化したインドネシアのジェマーイスラミアなどアルカイダコアへの忠誠は公言していないものの、目的や価値観が一致した場合にアルカイダ系組織と協力するイスラム過激派（Like-minded groups）
・アルカイダ系組織と直接的な関係はないが、インターネットのイスラム過激派サイトなどを閲覧するなどして自ら過激派に参加しようとする個人やネットワーク（Inspired individuals and network）

そして近年では、2011年5月のビンラディンの殺害などでアルカイダコアが弱体化する一方、拡散するアルカイダ系組織やこれに協力するイスラム過激派、過激化した個人による活動が活発化してきた。このような組織や個人は各自で活動しており、アルカイダコアでもザワヒリが広報活動を続けてはいるものの、それらの自主的な活動に自らが掲げるグローバルジハードを依存せざるを得ない状況が続いてきた。そのような中、2014年にザワヒリが破門したISがイラクで攻勢を強め、建国を一方的に宣言し、組織・財政・軍事的に強大化したということは、ザワヒリにとって決して都合の良い話とは言えず、今後どこまで他のイスラム過激派に対する求心力を持続できるのかといった議論も一部で聞かれるようになっている。

　そして今日では、リビアやエジプトで活動してきたイスラム過激派の中からISを名乗る組織も台頭し、さらにボコ・ハラムやアブサヤフ、パキスタン・タリバンなど一部グループからもISへの忠誠・支持を表明する動きが出ている。これは裏を返せば、アルカイダコアの存在力低下を証明するもので、またISが組織だけでなく、アルカイダのようにブランドやイデオロギー、そしてネットワークの機能を兼ね備える存在になりつつあることを意味する。

　一方、グローバルジハードのリーダーシップを巡るISとアルカイダの競争が起こっているとの見方もあるが、それは今後、ISがどの程度の組織力、財政力、軍事力を維持できるかが大きなファクターとなるであろう。

　しかし両者が対立関係にあるとは言われるものの、注意深く分析すると、その対立関係の中には両者の補完的な関係も見えないわけではない。ISもアルカイダもイスラム初期の「カリフ国家」の復活を目的とするスンニ派イスラム過激派集団であり、残虐性の強弱はあるものの両者とも

暴力的過激主義を貫いており、多くの共通点がある。よって、ISが行っていることのすべてがアルカイダの目標達成にとって不必要なものとは言えず、例えばISが欧米への敵対心を強め、欧米への攻撃意志をより鮮明に持つことは、欧米を第一に攻撃する事を重視するアルカイダにとっては補完的な意味を持つことになる。

　このような両者の間における補完性に焦点を当てる立場から言うならば、アルカイダが掲げるグローバルジハードが停滞する中でISが台頭し、それに加わるイスラム過激派や個々人も再び活気づいたということからは、治安リスク上のテロの脅威はむしろ増大していると判断でき、国際社会はより真剣にこの脅威に対処していかなければならないことだろう。

column 9

レジリエンス（後書きに代えて）

「レジリエンス」という単語に触れることが多くなった気がする。もともとは物理学で使われ始めた概念だそうである。「強靭さ」「復元力」などと訳す。心理学では精神的回復力、抵抗力など自発的治癒力を意味するようである。

レジリエンスはダボス会議（2013年）でも取り上げられ、国レベルでも日本政府肝いりの一般社団法人レジリエンスジャパン推進協議会（2014年）という団体が設立されている。レジリエンスとは、事件や事故があってもそのダメージを抑え、最後に成長につなげられる組織的な強靭さを意味している。

前述した通り、誘拐やテロは政治的主張、宗教・民族対立、イデオロギーの違いによる犯行ばかりでなく、経済的な格差によるものも多く発生している。事実、誘拐がビジネス（生業）となっている地域もある。水も安全もタダではないのである。

ビジネスが急速にグローバル化する中、グローバル対応できる人材は企業の財産である。しかるに中堅・中小企業の海外安全対策は十分とは言えない状況にある。誘拐、テロなどの事件は、いつ、どこで、どのような規模（被害）で発生するか予測することは極めて困難である。しかしながら、事前準備を行うことで、その発生確率や被害を小さくすることは可能であろう。本書が企業のレジリエンスに多少なりとも貢献することができたらと強く望む次第である。

著者一同

参考文献

上田和勇（2007）『企業価値創造型リスクマネジメント ―その概念と事例― 第4版』白桃書房

上田和勇（2012）『事例で学ぶ リスクマネジメント入門 復元力を生み出すリスクマネジメント思考』 同文舘出版

大泉光一（2002）『クライシス・マネジメント 第3版』同文舘出版

オオコシセキュリティコンサルタンツ「OSCコメンタリー」

加藤晃（2009）「リスク情報の開示に関する日米比較」『損害保険研究』第71巻第1号 損害保険事業総合研究所

加藤晃（2015）「第1回 リスクとは何か？」『電設特報』No.2900 （株）電業調査会

加藤晃（2015）「第2回 リスクマネジメントは義務か？」『電設特報』No.2905 （株）電業調査会

亀井利明（1997）『危機管理とリスクマネジメント』同文舘出版

佐々淳行（1979）『危機管理のノウハウ・PART1-信頼されるリーダーの条件-』PHP研究所

在留邦人及び在外日本企業の保護のあり方等に関する有識者懇談会（2013）『在留邦人及び在外日本企業の保護のあり方等に関する有識者懇談会報告書』

志村昭郎（2004）『私はコロンビア・ゲリラに二度誘拐された』ランダムハウス講談社

白井邦芳（2006）『ケーススタディ 企業の危機管理コンサルティング』中央経済社

社団法人日本在外企業協会（1997）『危機管理入門ハンドブック 第2版』社団法人日本在外企業協会

株式会社損保ジャパン・リスクマネジメント（2010）『リスクマネジメント実務ハンドブック』日本能率協会マネジメントセンター

竹内朗、他（2014）『リスクマネジメント実務の法律相談』青林書院

長瀬勝彦（2012）「リスク認知のバイアス」『組織科学』第45巻第4号　白桃書房

深見真希（2012）「管理科学としての危機管理」『組織科学』第45巻第4号　白桃書房

宮林正恭（2005）『危機管理　リスクマネジメント・クライシスマネジメント』丸善

森宮康（1985）『リスク・マネジメント論』千倉書房

労政時報編集部（2013）「海外勤務者の安全対策の実態」『労政時報』第3848号　（株）労務行政

和田大樹（2013）「ポスト9.11時代におけるグローバルなジハードネットワーク　～アフリカで台頭するイスラム過激派～」『防衛学研究』第48号　日本防衛学会

和田大樹（2013）「シリア内戦に内在するグローバルジハードの検証」『防衛法研究』第37号　防衛法学会

和田大樹（2014）「今日の東南アジア、中国のテロ情勢　～アルカイダやシリア内戦の影響を受け自己過激化するテロに注意～」『インテリジェンスレポート』第61号
　（株）インテリジェンスクリエイト

和田大樹（2013）「アルカイダの脅威は、より深刻化 ―最新の国際テロ情勢の観点から―」『インテリジェンスレポート』第56号　（株）インテリジェンスクリエイト

和田大樹（2014）「ISILの台頭と新たなテロ戦略 ―学術的なテロ研究の戦略分析をもとに―」『インテリジェンスレポート』第65号（株）インテリジェンスクリエイト

和田大樹（2014）「2013年の世界的なテロ情勢～2013年米国務省テロ年次報告書を参考に～」『リスク対策.com』http://www.risktaisaku.com/sys/news/?p=000850

和田大樹（2015）「イスラム国の特徴と今後 ～グローバルジハードにおけるアルカイダとの比較」『インテリジェンスレポート』第72号（株）インテリジェンスクリエイト

和田大樹（2015）「拡大する「イスラム国」の脅威 ―「イスラム国」の影響力が各地域へ浸透―」『インテリジェンスレポート』第71号（株）インテリジェンスクリエイト

Argenti P.A. & Forman J. (2002) "The Power of Corporate Communication" McGraw-Hill

Bernstein L. Peter (1996) "Against The Gods" ,John Wiley & sons, Inc.（青山護 訳（1998）『リスク 神々への反逆』日本経済新聞社）

Harman Jane (2014) "Nor a War on Terror, a War on an ideology", Wilson Center

Jones Seth G. (2014) "A Persistent Threat the Evolution of al Qa'ida and Other Salafi Jihadists ", Rand Corporation

Jones Seth G. (2014) , "Jihadist Sanctuaries in Syria and Iraq - Implications for the United States", Rand Corporation

Lundgren E. Regina & McMakin H. Andrea (2013) "Risk Communication", Wiley

Milton Daniel, Price Bryan and al-`Ubaydi Muhammad (2014)" The Islamic State in Iraq and the Levant: More than Just a June Surprise", CTC Sentinel Volume 7, Issue 6

Neumann Peter (2015) "Foreign fighters total in Syria/Iraq now exceeds 20,000; surpasses Afghanistan conflict in the 1980s", the International Centre for the Study of Radicalization and Political Violence

Skipper H.D. & Kwon W.J. (2007) "Risk Management ad Insurance: Perspectives in a Global Economy", Blackwell Publishin

Riedel Bruce (2015) "The Charlie Hebdo Attack and the War within Global Jihad", the Brookings Institution

Zelin Y. Aaron, ICSR Rena and Sami David (2015) "ICSR Insight: Up to 11,000 foreign fighters in Syria; steep rise among Western Europeans", the International Centre for the Study of Radicalization and Political Violence

■編著者略歴

加藤晃（かとう あきら）

AIU損害保険株式会社勤務、青山学院大学大学院国際マネジメント研究科学術フロンティアセンター特別研究員、事業創造大学院大学事業創造研究科非常勤講師（リスクマネジメント）。
青山学院大学大学院国際マネジメント研究科博士後期課程修了。博士（経営管理）。
国際ビジネス研究学会、日本価値創造ERM学会、組織学会、日本保険学会々員。
（前掲）まえがき、序章、第1章～第3章（共著）、コラム1、2、5～7、9を担当。

大越修（おおこし おさむ）

株式会社オオコシセキュリティコンサルタンツ（OSC）代表取締役社長
警視庁勤務、外務省出向ニューヨーク領事（FBI、ニューヨーク市警と親交を持つ）、エクソン日本法人（エッソ石油）、JPモルガン銀行、アメリカン・インターナショナル・グループ（AIG）日本法人のセキュリティ責任者を歴任。米国危機管理会社クレイトン・コンサルタンツのシニア・コンサルタントを経てOSCを設立、現職。世界的なネットワークを持つ日本の企業セキュリティの草分け的存在。日本セキュリティマネジメント学会、日本危機管理学会、危機管理システム研究学会、日本安全保障危機管理学会々員
（前掲）第1章～第3章（共著）、コラム4、8を担当。

■著者略歴

和田大樹（わだ だいじゅ）

OSCアドバイザー
国際政治学・安全保障論が専門。清和大学や東京財団などで教育、研究に従事。2014年5月、日本安全保障・危機管理学会奨励賞（テロ研究）受賞。Counter Terrorist Magazineなどの国際的学術ジャーナルに論文を掲載。国際テロ問題でNHKやキー局、大手新聞などで出演、解説。日本国際政治学会、国際安全保障学会々員。第5～7章（一部共著）、補論、コラム3を担当。

石山裕（いしやま ゆたか）

OSCアナリスト
早稲田大学卒業、英国ウエストミンスター大学大学院外交学修士、英国・東ロンドン大学大学院テロリズム学Postgraduate Certificate。国際政治、テロ対策が専門。英国の危機管理会社red24を経て現職。日本セキュリティ・マネジメント学会々員、危機管理研究学会幹事
第5章フィリピン、第6章ナイジェリアを担当。

吉田彩子（よしだ さいこ）

OSCアドバイザー
フランス国パリ在住。フランス言語文学院・国際ビジネス専門学校・パリ・カトリック大学・スケマビジネススクール修士課程修了。日仏通訳・翻訳、S.Y.International代表を経て現職。
第6章ニジェール、カメルーンを担当。

テロ・誘拐・脅迫 海外リスクの実態と対策

平成 27 年 7 月 29 日　初版発行

編著者 ──── 加藤晃・大越修

著　者 ──── 和田大樹・石山裕・吉田彩子

発行者 ──── 中島治久

発行所　　同文舘出版株式会社
　　　　　東京都千代田区神田神保町 1-41　〒 101-0051
　　　　　電話　営業 03（3294）1801　編集 03（3294）1802
　　　　　振替 00100-8-42935
　　　　　http://www.dobunkan.co.jp/

©A.Kato,O.Ohkoshi　　　　　　　ISBN978-4-495-53141-6
印刷／製本：三美印刷　　　　　　Printed in Japan 2015

JCOPY　<（社）出版者著作権管理機構 委託出版物>

本書の無断複写は著作権法上での例外を除き禁じられています。複写される場合は、そのつど事前に、（社）出版者著作権管理機構（電話 03-3513-6969、FAX 03-3513-6979、e-mail: info@jcopy.or.jp）の許諾を得てください。